阿部 博人

HIROTO ABE

学校法人 日美学園

達人からのメッセージ

未来を切り拓くヒント

はじめに

よりよく生き、人生や仕事の困難を克服してゆくには、すぐれた人物の指導を仰ぎ、相談にのってもらうのが一番の方法である。親身になって適切なアドバイスをくれる師や友ほどありがたいものはない。

しかし、このような周囲の助力の前に、自らの人間性を高めることが前提だ。天は自ら助くる者を助けるという。結局は自分自身で切り拓いていくしかない。良き師や友とのめぐりあいも自身の人となりと出会いを求める姿勢による。

安岡正篤《やすおかまさひろ》は『続経世瑣言《けいせいさげん》』において、人物を磨くには第一に古今の優れた人物に学ぶことをあげている。同時代の人に学ぶことができなければ古人に学ぶのだが、「私淑する人物を持ち、愛読書を得なければならぬ」という。「優れた書物とは、そういう優れた人物の魂を伝え、面目躍如とさせて」いるからだ。

第二に、人生の艱難辛苦等の体験、「臆せず、勇敢に、而《しか》して己を空《むな》しうして、あらゆる人生の経験を嘗め尽くすこと」をあげている。

読書と実践が人物修養の秘訣である。

本書は古今の優れた人物に学ぶ、特に二十代、三十代にあてた人間学の手引書である。

主に幕末維新に活躍した思想家と志士、日本の近代と現代を築いた各界の人物の言葉をとりあげた。いずれも自己を深め、困難を克服して、志を実現していった達人からのメッセージである。

人物の簡単な評伝と言葉の背景は、また歴史を学ぶ手がかりでもある。明治維新と戦後の復興を経た日本の奇跡を演出したのもこれら達人だからである。

尚、本書は—おわりに—に記したように、平成九年（一九九七）にまとめたものに加筆して、著した。達人からのメッセージは普遍的であり、およそ三十年前の原稿をほぼそのまま活かすことができた。読みやすくなるよう字句を修正し、新たに加わった達人もいる。

本書の読み方としては、目次で関心のある言葉か人物を選んで順に読み進めるのがよいであろうし、評伝の入門書として手に取ることもできる。

本書で紹介した七七の言葉が、混迷する現在の指針、未来への道しるべとして、読者の生き方、考え方のヒントとなれば幸いである。

令和六年八月吉日

阿部博人

目次

第二章　今を生きる、自分を生きる

第三章　成功の鉄則

第四章　対処の法

第五章　学ぶ姿勢

第六章　自己の確立

第七章　逆境に克つ

第八章　仕事の工夫

第九章　日常の心がけ

第十章　交際の心得

—おわりに—

本書に登場する偉人の言葉等に、現代の倫理観とは異なる表現が含まれている箇所がありますが、これらは著者の意図を反映するものではなく、あくまで当時の状況を描写するためのものです。

第一章

志を立てる

人生劈頭《へきとう》一箇の事あり、立志是《これ》なり

――春日潜庵

春日潜庵《かすがせんあん》は幕末における陽明学の泰斗《たいと》と評される。山田方谷《やまだほうこく》、森田節斎《もりたせっさい》、梁川星巌《やながわせいがん》、横井小楠《よこいしょうなん》、佐藤一斎《さとういっさい》らと交わり、尊皇運動の重鎮をなし、安政の大獄で捕えられるも、死罪は免れた。特に西郷隆盛《さいごうたかもり》はその人物を慕って、弟の小兵衛や村田新八《むらたしんぱち》らを潜庵の門に入れて学ばせている。東郷平八郎《とうごうへいはちろう》も学んでいる。

潜庵語録の最も有名なものが、「人生劈頭《へきとう》一箇の事あり、立志是《これ》なり。」である。劈とは裂く、つんざくという意味であり、劈頭とはまっさき、最初ということを表す。

潜庵は人生を百年とすると、二十歳頃まではわけがわからず、二十歳から六十歳までが中間の四十年で、これを過ぎては衰えないとはいえども、用をなさない。この四十年間に徳を立て、業を立てるものは幾人いるのかという。青年から壮年にかけての、四十年間はまさに働き盛りの世代である。

この四十年の徳業に先立つのが、立志である。青年時に志を立てなければ、無為な人生を送ってしまう。欲や才によって行うのは、単なる事業である。志によるのが徳業である。

また、朝早く起き、夜遅く寝るのが徳業に励む者の勤めであり、精神の俊爽《しゅんそう》は早起きにあり、志気の深遠は遅く寝ることにあるとも説く。

欲から出て、才による事業や仕事では、逆境の時に崩れやすい。志とは人生の山谷にあって奮起を促す活力剤であり、周囲の人々の支持、賛同も自然と集ってくる看板でもある。自らを導き、周りを照らすのが志だ。

志が立てば、後は遅寝、早起きへの努力である。

潜庵は、大塩平八郎《おおしおへいはちろう》の乱後、堂々と、危険視された陽明学徒を標榜し、幕末維新に奔走し、幾度となない逆境を乗り越えた。活きた学問を大成した潜庵は、立志と勤勉が人生を豊かなものにすると説いている。

緊《きび》しくこの志を立てて以《もっ》て之《これ》を求めば、
薪を搬《はこ》び水を運ぶと雖《いえど》も、
また是れ学の在る所なり

――佐藤一斎（一）

佐藤一斎《さとういっさい》は幕末最大の儒者《じゅしゃ》と仰がれ、昌平坂学問所の儒官も務めた。朱子学を講義しながらも、陽明学に傾倒した。門人は数千人を数えるが、その中には安積艮斎《あさかごんさい》、山田方谷、横井小楠、佐久間象山《さくましょうざん》、中村正直《なかむらまさなお》ら錚々たる名前がある。

その著『言志四録』は、幕末の志士のみだけではなく、明治大正期の知識人にも広く愛読された。特に、西郷隆盛はその中から百一ヶ条を書き抜いて座右に置いたことは知られている。また戦後日本政治の方向を決定した吉田茂の養母は一斎の孫娘で、茂もその厳格な家庭教育から一斎の大きな影響を受けている。

『言志四録』は、一斎四十二歳の時から、言志録・言志後録・言志晩録・言志耋録《てつろく》と、ほぼ四十年をかけて書き継がれた書の総称である。聖賢《せいけん》の教えに独自の思索を加えたその人生訓は多岐に渡るが、書名からもうかがえるように、まず志を立てることを説いている。

一斎は、「人は須《すべか》らく自ら省察《せいさつ》すべし。天、何の故《ゆえ》にか我が身を生み出し、我をして果たして何の用にか供《きょう》せしむ。既に天の物なれば、必ず天の役あり」という。

「志」とは、「自己省察」によって知り得た「天役」を果たすことなのである。

そして、「志の立たざれば、終日読書に従事するとも、また唯《ただ》是れ閑事《かんじ》のみ」という。

天役とは天命である。天命を知り、志を立てれば、日常の労働にも学ぶべきものがみえてくる。万事が師となる。逆に志がなければ、読書学問もただのひまごととなってしまう。

自らの職業や事業も同じである。収入のためと、単に与えられた仕事であると、漫然とやり過ごしていくのか。その職分に、志を認めるのか。おのずと結果は異なってくる。

男児志を立てて郷関《きょうかん》を出づ
学もし成らずんば死すとも帰らず
骨を埋むる豈《あに》、唯だに墳墓の地のみならんや
人間《じんかん》至るところに青山あり

――――村松文三

立志を詠った有名な一詩である。この詩ははじめ、尊皇攘夷の立場から国事を論じた僧の月性《げっしょう》によるものだとされたが、後に幕末の志士、村松文三《むらまつぶんぞう》の作だと判明した。

村松は立志の覚悟を説き、また温かい励ましの言葉を贈る。

「男子たるもの志を立てて、郷里を出るものだ。学問が達成されなければ、たとえ死のうとも、故郷に帰ってはならない。骨を埋める所は、なにも故郷の墓でなくともよい。世の中、いたる所に美しい山があり、そこに埋めてもらえば、それで満足だ」

志を立てた以上は、素志を貫徹すべし。立志の覚悟と、実現への甘えを断った努力を説いている。

そして、心してみれば、故郷に限らず、あらゆる土地が希望の地であり、また生涯の終焉の地であるという。不断の努力を鼓舞する一方、郷里を離れた淋しさを慰めてくれる言葉でもある。生まれ、育った郷里で、自らの職分を尽くすのは、固より良いことだ。郷里を出て、事を成し、一旗あげてから、郷里に錦を飾るのも良し。彼の地で志を遂げ、果てるのも良し。そして、志を遂げられず、彼の地で果てるのも、また良いではないか。

村松は男子について述べているが、もちろん女子にもいえることだ。

要は、立志の覚悟と、希望を失わないことである。

尚、「学もし成る無くんば復還《またかえ》らず」「骨を埋むること何ぞ期せん墳墓の地」との原文もある。

一生を通じての大きな立志とその枝葉となる小さな立志

――渋沢栄一（一）

渋沢栄一《しぶさわえいいち》は天保十一年（一八四〇）、武蔵国血洗島《ちあらいじま》（現在の埼玉県深谷市）の豪農に生まれた。家業として養蚕《ようさん》の他、藍玉《あいだま》の仲買いや質屋もしていた。父は教育熱心で、栄一に、幼少の頃から四書五経《ししょごきょう》を学ばせた。後年、論語と経済の一致を説いた実業家の姿を彷彿とさせる少年時代である。

ペリー来航以降、渋沢も尊皇攘夷運動に連なるも、縁あって、一橋慶喜《ひとつばしよしのぶ》に仕えた。やがて慶喜が十五代将軍となり、渋沢はその弟昭武《あきたけ》の随員としてパリ万国博覧会へ同行し、約二年をかけてヨーロッパ各国の資本主義経済を学んだのだ。

留学中に、大政奉還。帰国後、慶喜が退いていた静岡で、銀行と商社の機能を兼ねたような「商法会所」を設立し、成功を収める。

大隈重信《おおくましげのぶ》、伊藤博文《いとうひろぶみ》らはこの成功に注目し、渋沢を大蔵省に誘った。渋沢はヨーロッパでの見聞をもとに斬新な財政政策を実施しようとするも、徳川慶喜側近、旧幕臣といった出身でもあり、周囲の理解も得られず、遂に、大蔵省を辞し、在野に下り、実業界へ転出した。明治六年（一八七三）、三十三歳の時である。

ナショナル・バンクを国立銀行と訳したのは渋沢である。そして同年、日本最初の近代的銀行である第一国立銀行をつくり、その後、五百余りの企業をつくり、関与した。抄紙《しょうし》会社（後の王子製紙、一八七四）、東京海上保険（一八七八）、日本鉄道会社（一八八三）、大阪紡績（後の東洋紡、一八八四）、東京瓦斯《ガス》（一八八五）、帝国ホテル（一八八七）、サッポロビール（一八八八）、石川島造船所（一八八九）など矢継ぎ早に設立した。

その他、鉱山、精鋼、陶器、電気、製紙、印刷、製油、築港、植林、牧畜、石油、セメント、水産、肥料、ガラス、貿易、倉庫などなど。渋沢自身のいう、「万屋《よろずや》」だ。

渋沢の志は、農工商の地位の向上、金融の近代化、産業振興による富国、国民生活の向上であった。この志の根底は、「論語とソロバン」であった。孔子の精神で商業を営むということであり、道徳、公益のための経済活動を意味する。渋沢は私利を排してそれを実現した。『論語講義』という名著もある。

明治十一年（一八七八）には東京商法会議所（後の東京商工会議所）をつくり、実業界の発展向上に尽力した。明治四十二（一九〇九）年、古希七十歳を機にすべての関係会社から身を引き、大正五年（一九一六）には実業界から完全に引退し、以後、教育・病院などの社会事業に専念した。

渋沢の教訓はまず「立志」にある。立志とは自分の一生涯に進むべき道、その大方針を決定することという。渋沢ははじめ実業家は百姓町人より見下されていたので、武士を志した。さらに政治家として国政に参加することを夢見た。しかし欧米諸国が繁栄しているのは、商工業が発達しているからとわかり、政界にはなじまず、実業界入りを志したのは、三十歳を過ぎた頃である。

渋沢は、それ以前の立志は、自身の才能に不相応な、身の程を知らないものであったという。そして、自分を知る確かな眼を養うことをあげ、青年が客気《かっき》にはやり、肝心な修養期間を方角違いに無駄づかいすることを戒める。

渋沢の立志の工夫―

その一。自分の頭脳を冷静にし、自身の長所と短所を精細に比較考察する。そして、その長所、最も優れた方面に向かって志を定める。

その二。自分の境遇がその志を遂げることを許すかどうかを深く考慮する。身体強壮、頭脳明晰、資力など。

これで一生を貫けるという確かな見込みで、方針を決定するのだ。迷ったり、社会の風潮、世間の景気に動かされてはならない。慎重を要するという。

この立志は、「根幹の志」である。人は誰でも日々の事物にあたっての希望が起こる。この希望を実現したいというのも一種の立志である。これは、「小さな立志、枝葉の立志」だ。

小立志のポイント―

その一。大きな立志のジャマにならない範囲での工夫。

その二。小さな立志は変動する。この変動によって大きな立志を動かしてはならない。両立志は矛盾してはならない。調和と一致が必要だ。

渋沢は、立志は人生という建築の骨組みで、小立志はその修飾という。最初の組み合わせが肝要だ。

立志は人生の大切な出発点だ。渋沢は重ねて、立志はよく自身を知り、分をわきまえ、それに応じて最も適する方針を決定することという。

渋沢栄一は幕末維新の激動の只中を生きた。豪農・商人から、尊皇攘夷の志士へ、そして徳川慶喜に仕え幕臣となり、ヨーロッパに渡った。やがて新政府大蔵省に請われ、最終的には右手に論語、左手にソロバンを掲げて実業界に転じて、日本資本主義の父となった。

運命と転機の実業家が説く、立志と小立志である。

志は精神活動の大統力
——安岡正篤（一）

歴代宰相の指南役、帝王学の師と呼ばれた碩学《せきがく》、安岡正篤《やすおかまさひろ》の教えは広く東洋思想に基づく。その原点は陽明学にある。陽明学は良知《りょうち》（先天的に有する良心）を重んじ、知行《ちこう》合一《ごういつ》を尊ぶ行動と改革のための活学だ。

安岡が大学生の二十歳代の頃、『王陽明研究』を著した。王陽明研究の名著であり、安岡の思想界へのデビュー作である。

その著にいう。

「志は精神活動の大統力である。すなわちこれを〝気の帥《すい》〟という。これは人の命であり、木の根であり、水の源である。水源が深くなければ流れは息み、根が樹たねば木は枯れ、命が続かねば人は死ぬ。それと同じく志立たねば精神は活動しない」

精神活動、人物のいかんはすべて立志にはじまる。王陽明は、「志立たざれば、天下なるべき事なし、百巧の技芸と雖《いえど》も、いまだ志にもとづかざるものあらず」という。

志とは、大局的な理想であり、人生の目標だ。夢や願望も個人の幸せや私欲を念じているだけでは志とはいえない。それぞれの職分を果たすことによって、世の中の平安を祈る、公に寄与するという思いがあってこそ志となる。

安岡はまた、「民族や個人にとって、根本的な物は気力の如何《いかん》」という。

気力、気魄《きはく》がなければ人や物事は動かせない。元気や天気、空気の気であり、生命のエネルギーだ。この気が病めば、病気となる。

思想そして行動の源泉となる、自ら発する真の気は、志に導かれる。ゆるぎない志が立ってはじめて、様々な艱難《かんなん》を克服して行く気が養われるのである。

その志を立てるには、視野を広くして人間と社会を学ばなければならない。古今東西の書物を通して歴史を知り、人物を知る。歴史書や人間学を説いた書だけでなく、歴史小説や伝記も大きな糧となる。司馬遼太郎の『竜馬がゆく』を読んで大いに発憤した人も多いことだろう。

読書学問だけでなく、様々な益ある人と交わり、体験し、見聞を実地で広めることも大切だ。読書による静的な沈思黙考から、自ら赴いて実際に求める動的な人と物事との出会いまで、志を立てるきっかけは限りなくある。

学び、出会い、そして志を立て、気を養う。人物となる第一歩である。

気が理を生ずるなり、理が気を存《そん》するに非《あら》ざるなり

山田方谷

山田方谷《やまだほうこく》は、佐藤一斎に学び、「経世の術は西洋の学」という同門の佐久間象山に対し、「我が儒学に足れり」と激論した。同じ岡山県出身の熊沢蕃山《ばんざん》に比して「小蕃山」と評され、備中松山藩の藩校有終館の学頭となり、幕府老中を務めた藩主板倉勝静《いたくらかつきよ》を助け、大胆な藩政改革を実施した。門人に河井継之助《つぎのすけ》がいる。

陽明学者であり、政治家であった方谷は豪胆な人物であった。その教えは、「気が理

を生ずる」ということにある。

方谷は、「宇宙には一大の気があるのみで、この気が理を生ずる。人はよく一気の自然に従えば、仁となり、義となり、礼となり、智となって、万変の条理《じょうり》が随《したが》って生ずる」と説く。

思索や構成という頭の中での理屈ではなく、一気の自然に従うことが大切なのである。気とは善悪を超えた自然である。

孟子は志は気の帥なりといい、また浩然《こうぜん》の気とは天地の間に充塞《じゅうそく》しているものという。

方谷は陽明学を「養気の学」と示す。

吉田松陰は「おおよそ君子の事を成すは、志気何如にあるのみ。志を立つるは奇傑非常《きけつひじょう》の士に交わるにあり、気を養うは名山大川を跋渉《ばっしょう》するにある」と語る。

人生百般の作用、心気活発によりて、その功を成す。

方谷は破綻しかけていた藩の財政を立て直し、産業を興して、文武を奨励した。それはまた極めて困難な事業であった。そして幕末維新の動乱を生き、西南戦争の最中、明治十年（一八七七）、七十三才の生涯を閉じた。

学を究め、厳しい実践に身を置いた方谷が最後に説いたのが、「心気の活発」である。

第二章

今を生きる、自分を生きる

人生の真の楽しみ
一、道を行い善を楽しむ
二、病なく快く楽しむ
三、長寿の楽しみ

――――――――――貝原益軒（一）

江戸時代の儒学者貝原益軒《かいばらえきけん》の『養生訓』はその死の前々年八十三歳の時に書かれ、その翌年正徳三年（一七一三）に上梓された。当時としては、大変な長生きである。益軒は朱子学派ではあったが、時に陽明学、古学的でもあった。先学の影響を受けたが、自らの経験・思索をふまえた独創性と庶民への啓蒙精神にその学問と実践の姿勢がうかがえる。

『養生訓』は単なる養生の知識や技術を述べたものではない。心の養生を基本として、人としての生き方を説き、その上で、「憶説《おくせつ》」といえども、実験・観察で知り得た具体的な養生法を平易に語っている。

「貧民は医なき故に死し、愚民は庸医《ようい》（やぶ医者）にあやまられて死ぬる者多し…あわれむべし」というのが『養生訓』を著した動機である。

そして人生の三楽を実現するための考え方と処方箋が、総論各論八巻に及ぶ教えの内容である。益軒は「人の身は父母を本とし、天地を初とする」とその冒頭に告げる。生命は私自身のもののように思えるが、私のみによるものではない。父母や天地に感謝して、人としての道を実践し、幸福となり、長寿にして、喜び楽しみをなすことが、全ての人の願望であろう。

短命では、たとえ富や名声を得ても、心が安らぐことはないだろう。長生きすれば、楽しみ多くまた益も多い。今まで知らなかったことを日々に知り、これまで不可能であったことが月々可能となる。学問・知識の発達も長生きしなければ得られない。

多くの人は、自らの不養生で体を害している。青・壮年時より心身を保って、長命し、人生を楽しみたいものだ。

未来社会を信じない奴こそが今日の仕事をするんだよ

——三島由紀夫

三島由紀夫《みしまゆきお》は昭和四十五年（一九七〇）十一月二十五日、陸上自衛隊市ヶ谷駐屯地へ乱入し、自衛隊に檄《げき》を飛ばした上で自決した。戦後文壇の寵児となるも、日本と日本人の行く末を憂えた壮絶な最期であった。

精緻な文体による幅広い作品と市ヶ谷事件は様々に評価される。三島の理念や意図はどこにあったのか。

「現在ただいましかないという生活をしている奴が何人いるか。現在ただいましかないというのが〝文化〟の本当の形で、そこにしか〝文化〟の最終的な形はないと思う」

「バカいえ、未来はオレに関係なくつくられてゆくさ、オレは未来のために生きてんじゃねェ、オレのために生き、オレの誇りのために生きている」

三島の仕事、人生はこの一点にのみあったのだ。

自決に先立つ数年前から三島は、陽明学を「行動の哲学」と解して、安岡正篤に接触し、教えを求めた。安岡に、「ずっと先になって知行合一の陽明学の何たるかを証明したい」と伝えている。

「行為は見える。行為を担うものは肉体である。従って、精神の存在証明のためには、行為が要り、行為のためには肉体が要る」

「精神は表現されうる。表現されうるけれども、最終的には証明されない。従って、精神というものは、文字の表現だけでは足りない」

三島は月刊誌に『革命哲学としての陽明学』という小論を発表した二カ月後に、衝撃的な自刃を遂げた。

今を生き、自分を生き、行為のための肉体を鍛えよ。

「行動する小説家」三島由紀夫は、現在もこう我々に訴えている。

たとい身は蝦夷《えぞ》の島根に朽ちるとも
魂は東の君やまもらん

――土方歳三

土方歳三《ひじかたとしぞう》は籠城と決まった五稜郭《ごりょうかく》から、官軍に向かう。百名を率い、馬上に黒ラシャの詰襟服に白い兵児帯《へこおび》をしめ、陣羽織を着て、腰には「関ノ兼定《かねさだ》」。

官軍が守る木柵まで進み、歩哨《ほしょう》に制止、尋問されると、土方は「参謀の黒田清隆《くろだきよたか》殿に会いに行く」とこたえた。「軍使であるか」と再問されると、「いや、個人的に会いに行く」と土方。官軍の司令部に一気に突入する作戦だ。歩哨が「官姓名をうかがいたい」

と尋ねると、「新選組副長土方歳三」と名のった。

官軍は驚天し、同時に土方は馬腹を蹴って、その剣が歩哨の頭を割るも、官軍の一斉射撃で落馬した。銃弾は腹部を貫通し、二時間後に絶命。三十五歳。箱館政府、八人の閣僚の中でただ一人の戦死である。

新選組は幕末の京都で決死の尊攘浪士討伐で名をはせた、浪人上がりの武闘集団である。

隊規は士道の厳守、脱走・金策・訴訟の禁止の四箇条で、違反者は切腹という罰則であった。脱走者は組の追手によって、必ず切られた。死を以て誓うきわめて厳しい隊律であったのだ。

新選組の象徴は赤地に白く「誠」の文字とダンダラ模様を染め抜いた隊旗、そして切腹袴《ばかま》と際立った剣術である。

新選組の名を世にとどろかせたのは、局長近藤勇《こんどういさみ》が剣をふるった池田屋騒動であるが、慶応四年（明治元年、一八六八）一月の鳥羽伏見の戦いから、翌年五月に終結する箱館戦争までの一年半に及ぶ戊辰戦争では、土方が常に前線に立って、よく闘った。近藤は大政奉還後、流山で官軍に出頭し、斬首されている。沖田総司は病死。

土方は英才で、剛直、日常は部下に温和で信望は厚かった。文官に対しては傲慢であったという。写真で見ると、なかなかの男前だ。

旧幕脱走軍では機知勇略兼ね備えた実践人として参謀に就いた。箱館政府では陸軍奉《ぶ》行並《ぎょうなみ》であった。

土方の闘いは退却するものは誰でも斬るという、軍律の厳しさにあった。自軍を背水の陣に追い込むことによって、軍備の劣勢を補い、果敢に闘った。

箱館戦争では、土方は死を覚悟していた。

　たとい身は蝦夷の島根に朽ちるとも魂は東の君やまもらん

土方の辞世の歌である。武州多摩から京都、そして北辺の地まで、土方が死をかけて剣で貫いたのは、第一には徳川家への節義である。さらに新選組へのこだわりと同志への弔い。

新選組と土方の壮絶な生き死には、目的の貫徹ということ、そして、その実現への厳しさを描いている。

天上へなんか行かなくたっていいじゃないか。
ぼくたちここで天上よりももっといいとこを
こさえなけあいけないって僕の先生が云ったよ

——宮沢賢治

ジョバンニは、こう言って、銀河世界の夢からさめて、現実世界への坂を駆け降りる。幻想的な美しい『銀河鉄道の夜』は、主人公ジョバンニ即ち宮沢賢治《みやざわけんじ》が、「みんなのほんとうの幸福」を求め、遂に、魅惑的な死後の浄土や天上を勇気をもって否定し、現実社会での皆の幸福を確信するに至った長旅の童話である。

賢治は「法華経」を信仰した宗教詩人であり、その信仰を現実世界に照らし、生の意義、みんなの平等な幸福を追い求め、トルストイの思想と実践にも感銘しながら、実現しようとした教育者、農業技術者であった。

賢治は大正十五年・昭和元年（一九二六）、花巻農学校を退職し、「羅須《らす》地人協会」を設立した。自ら修羅と称した賢治が、大地に生きる人々、農民に必要なものをすべて網羅するという意味で名づけた。

賢治はここで、農業知識、文化や芸術、経済交流によって、「雲から光からエネルギーを取れ」（農民芸術概論綱要）と貧苦にあえぐ農民を指導、鼓舞した。自分で修得したタイプライターで教材をプリントして配り、オルガンを弾き、リンゴやスルメをふるまった。花の種や苗をもって、出掛けて行って、土地の人々の家に花壇をつくった。また、無料で肥料設計をして、その設計書は膨大な量にのぼる。

明るく、身を削って務めた活動であるが、厳しい気象と小作制度、賢治の試みが理解されない人の心の壁によって、その努力は阻まれた。

社会主義思想と疑われて花巻警察署に呼び出され、取り調べもうけた。あえなく、オーケストラを一時解散し、講義を中断した。孤独な肥料設計者となったのである。そして肺病に倒れ、以後、父母のもとで長い療養生活に入る。二年半の活動であった。

その間、最愛の妹トシが病死し、現世の幸福と死後の世界の関係を考え込み、苦悩する。

「なにがしあわせかわからないです。ほんとうにどんなにつらいことでもそれがただしいみちを進む中でのできごとなら峠の上り下りもみんなほんとうの幸福に近づく一あしずつですから」…『銀河鉄道の夜』の灯台守の慰めの言葉である。

われやがて死なん
　今日又は明日
あたらしくまたわれとは何かを考へる
われとは畢竟《ひっきょう》法則の外の何でもない
(中略)
　帰命妙法蓮華経
　生もこれ妙法の生
　死もこれ妙法の死
　今身より仏身に至るまでよく持ち奉る
　　　　　　(一九二九年二月)

死は理解できず、死後の幸福も知り得ない。現実の生の中に、幸福を実現できることだけは確かなのだ。実践人賢治の答えであり、ジョバンニの結論だ。

そんな賢治がたどりついたのは、結局、「デクノボー」のような生き方だった。晩年の賢治がメモを書きつけていた黒い手帳が死後、発見され、その手帳に「雨ニモマケズ」が書かれていた。詩でもあり、告白でもある。

デクノボーは、『虔十《けんじゅう》公園林』の主人公虔十でもある。知的障害を持ち、木の葉がキラキラ輝くのを見ても、「いつでもはあはあ笑って」いる。冗談半分にそそのかされて、不毛の地に植林し、やがて育った小さな並木は子供達の絶好の遊び場となった。工場が立ち、近代的な町となっても、この並木はいつしか公園として残り、大人になった子供達の思い出の場所となった。

デクノボーは役立たずではない。世間で賢いといわれている者が、本当に、自分自身が幸福で、また人を幸福にすることができるのだろうか。

方十里稗貫《ひえぬき》のみかも稲熟れてみ祭り三日空晴れわたる
病のゆえにもくちんいのちなりみのりに棄てばうれしからまし

現実社会のみんなの幸福を願って、実践し、不器用に生きた賢治の辞世の歌である。三十七歳の道半ばの生涯であったが、小さな満足も確かにあった。賢治の心と試み、そして美しくユーモア溢れる詩や童話は、農業従事者をはじめ、後世の多くの人々に夢を与え、勇気づけている。

生きてゆける限り、
そのときの条件の下に、
十分に生きてゆくのが
人間として生まれてきた任務である

――城野宏（一）

城野宏《じょうのひろし》は、敗戦の昭和二十年（一九四五）より、日本の戦後復興のため、中国山西省を日本の燃料・製鉄原料の供給基地として確保すべく、山西独立野戦軍を率いて、毛沢東軍と四年にわたって戦闘した。日本の無条件降伏を知っての、「山西残留、祖国復興」

をスローガンとした戦いであった。

残留日本軍、中国人軍隊、軍閥を組織し、十五万の兵力から、最終的には約五十万をもって戦った。遂に、共産軍と太原の平野で対決し、七か月の攻防戦、市街戦とまでなるも敗れ、昭和二十四年（一九四九）、捕虜となり、太原の監獄に抑留される。

昭和三十一年（一九五六）、特別軍事法定で十八年の刑となり、太原の監獄に七年半、北京に移されて後、撫順で七年半収監され、昭和三十九年（一九六四）釈放となり、帰国した。山西省を日本のため、毛沢東軍、蒋介石軍と並んで独立させるという構想は雄大であり、その四年にわたる野戦は、まさに孤軍奮闘の壮絶なものであった。

しかし、その後の十五年の獄中生活は、体験した者でなければ表せない、厳しいものであった。太原の監獄では、六畳に二十人、ひどい食事と突然に執行される銃殺の恐怖。多くは病や神経衰弱、そして共産主義への媚へつらいとなっていった。

城野は違った。日本人の立場を忘れず、生と再度の活動への希望を捨てなかったのである。

「どうなるのかわからんことを気にして嘆き、不安がっていても仕方がない」

「考えても考えなくても、くるときはくる。それならおもしろいことを考えて過ごしてやろう」

「殺すという先方の意志を自分で勝手に定めて、それに従ってゆく必要はない」

城野にとって監獄は、自らを磨く格好の場となり、将来に備えての充電期間となったのである。

監獄には盗賊から元政府高官まで様々な人間がいる。城野は彼らから中国語や中国情勢を学び、後には日本から雑誌や小説を送らせ日本の状況も把握していった。

城野の基本姿勢は、どんな条件や環境におかれても、自ら主体的に考え、自分の持っている力を十分に発揮するということにある。

条件や環境のせいにするのは他力本願で、自分には実力があるのにうまくいかないと不平を言うのは、どこに行っても駄目と戒める。一般社会においていかに生きるかに通じる城野の獄中の人間学である。

「二度と兵隊を連れて攻めてこないで下さい」と送別会で中国側に言われた城野は、帰国後、自らの戦闘体験、獄中生活を踏まえて、様々な要職を務める一方、城野経済研究所を中心に、脳力開発と情勢判断学でもって、日本の各層を指導していった。

自らの適するところをたのしむ
――緒方洪庵

蘭医学者の緒方洪庵《おがたこうあん》が大阪に開いた適塾《てきじゅく》は、萩にある吉田松陰の松下村塾と並ぶ幕末を代表する私塾である。

緒方洪庵は備中足守《あしもり》藩（現在の岡山市足守）の下級武士に生まれたが、体が弱くさむらいには向かないので、医術は人々の苦病を救うものと医者を志した。そこで当時オランダ人医師シーボルトによってもたらされた西洋医学を学ぶべく、はじめに大阪に出て中天游《なかてんゆう》に師事し、天游の勧めで江戸の坪井信道《つぼいしんどう》に学びさらに二年間の長崎遊学を終えて、大塩平八郎の乱の翌天保九年（一八三八）、大阪の瓦町で開業した。七年後の弘化二年（一八四五）、過書町《かいしょ》にある商家を買い求めて転居した。これが現在大阪市中央区北浜三丁目に史跡として残る適塾である。

洪庵は名医としての一流の評価を博す一方、わが国最初の病理学書である『病学通論』を著すなど医学者としての不朽の業績を残している。また種痘の普及に努め、コレラの治療法を紹介するなど社会的に大きな貢献も果たしている。

患者に貴賤を問わなかった洪庵はドイツの医学者フーフェランドの『医者の義務』を抄訳し、その『扶氏《ふし》医戒の書』の第一条に「医の世に生活するは人の為めのみ、をのれがためにあらずといふことを其業《しぎょう》の本旨とす。安逸を思はず、名利を顧みず、唯おのれをすて、人を救はんことを希《ねが》ふべし」と記している。

洪庵は「適々斎《てきてきさい》」と号し、この号は塾名にもなっている。「適々」とは、『荘子』を出典とし、「他人や物に役せられず、自分のこころに適することを適とし、たのしむ」ということを意味する。

門下生である福沢諭吉の「独立自尊」の精神もこれに由来する。福沢が師洪庵を詠んだ詩が適塾にある。その詩が「適々豈《あ》に唯だ風月のみならんや　渺茫《びょうぼう》たる塵界自ら天真」というように、「適々」とは、「悠々自適」では決してない。自由気ままで遁世《とんせい》的な態度を表すものではなく、自らの職分を以て社会的責務を果たそうとする積極的な精神を伝えている。教育者としての洪庵は「当時は病用相省き、専ら書生教導いたし、当今必用の西洋学者を育立候積に覚悟し、先ず是を任といたし居申候」と次第に後進の育成に注力していく。

また郷里を離れた塾生に対しては、洪庵と妻八重は、実父実母のようにその面倒をみたのである。

洪庵が奥医師として江戸へ赴くまでの約二十年間に、塾生名簿には六百名を越える門人が署名している。

塾風は福沢の『福翁自伝』にいきいきと描かれている。環境は劣悪である。夏は暑さで褌《ふんどし》もつけずに真っ裸。顔を洗うたらいで食べ物を洗ったり調理をし、素麺を冷やした。すわることもできない狭いところでそまつな食事を立って食べる。不規則、不整頓、不衛生でシラミがわいた。

塾の内外で皆よく酒を飲み、料理茶屋の物を盗んだり、難破橋から芸者をあげての川遊びの小舟に向かって小皿を投げたり、塾生同士でけんかのまねをして人目を引いたり、火事場で働き酒食にあずかり大いに楽しんだ。大変な乱暴狼藉ぶりだが、塾生同士はいたって仲がよかった。

勉強はというと、昼夜の別なくこの上にしようはないというほどのものであった。福沢自身、読書にくたびれると机の上に突っ伏して眠るか、床の間の床側《とこぶち》を枕にして眠るかであり、ふとんを敷いて寝たことなど一度もなかったと言っている。

勉強は月に六度の原書の会読が中心で、出来不出来によって成績がつけられた。原書の写本を読み解くのはまったくの自学自習による。唯一の字引であるヅーフハルマがあるヅーフ部屋の灯りは夜間消えたことはない。

著名な門人には福沢諭吉のほか、橋本左内《さない》、長州藩参謀として征長幕府軍を退け維新政府の兵部大輔《ひょうぶたいふ》となりわが国近代兵制を創始した大村益次郎《ますじろう》（村田蔵六）、旧幕府軍陸軍奉行として箱館まで闘い維新政府では工部大学校長、学習院長、枢密顧問官などを歴任した大鳥圭介《おおとりけいすけ》、文部省医務局長、東京医学校長となった長与専斎《ながよせんさい》らがいる。

これら門人は、「自らの適するところを適として、たのしむ」という師洪庵の教えを受け継いで、わが国近代医療の確立をはじめ、工業、技術の多くの分野で活躍した。

第三章

成功の鉄則

積極的精神をつくる

――中村天風（一）

中村天風《なかむらてんぷう》は恵まれた家柄に生まれたが、気性の激しい少年だった。やがて右翼の巨魁、頭山満《とうやまみつる》の主宰する玄洋社に預けられ、玄洋社の豹と渾名される。日露戦争前後は、満州で軍事探偵として活躍するも、九死に一生を得て、数々の重傷を負って帰国。帰国後、当時不治の病であった結核を発病。医学、宗教、哲学、心理学の書を跋渉《ばっしょう》し、欧米に識者を尋ねるも救われなかった。帰国途上、インドの聖人カリアッパ師と出会い、ヒマラヤ山麓での二年余りの修行で病を克服し、悟入転生《ごにゅうてんせい》の境地を悟った。帰国後実業界で大いに活躍するも、突如一切の社会的地位、財産を放棄し、辻説法を開始する。天風会を足場に全国的な救世済民《きゅうせいさいみん》のための活動を展開する。

主な門下生に、元首相原敬《はらたかし》、元帥東郷平八郎、同山本五十六《いそろく》、浅野セメント創業者浅野総一郎《そういちろう》、野球評論家広岡達郎《たつろう》、作家宇野千代《ちよ》ら、政治家、事業家、スポーツ選手、市井の人々まで実に多様で、直接薫陶を受けた者は十万人を数える。松下幸之助、稲盛和夫らも私淑する。

天風哲学の真髄は、積極的精神、心の力を養うことにある。積極的な心の持ち様、考え方が人生には好結果をもたらすという教えである。

天風は病気や困難を克服する方法として、自ら体得したヨガに基づく瞑想や呼吸法を指導した。特に感覚や感情の衝動、ショックを受けた時、肛門を締めて、肩を落として、腹に力を入れるという「天風式クンバハカ法」が有名だ。

安岡教学は中国古典を軸にした東洋思想から人間のあり方を説くのに対して、天風哲学は中国大陸での体験、病とインドでの修行で得たその実践性に特色がある。インド哲学や医学、心理学に基づく教えは深遠であるが、日常の心がけや訓練はわかりやすく、単純なものだ。

誰でも真剣に取り組めば、盛大な人生が実現される。今日では天風哲学を受け継いだ公益財団法人天風会が講習会、修練会でその実行方法を指導している。

コップに半分位水が入っているのを見て、半分しかないと思うのか、半分もあると思うのか。あなたはどちらか？積極的精神が成功への鍵である。

絶対に消極的な言葉は使わない
否定的な言葉は口から出さない

——中村天風（二）

中村天風は明るく朗らかに、生き生きとして勇ましく生きるには消極的な言葉、否定的な言葉をつかわないことと繰り返し説いている。そして悲観的な言葉は自分の言葉の中にはないんだと考えるぐらいでなければならないと教えている。

それは言葉と気分が直接に関係があり、「困った」「弱った」「情けない」「悲しい」「腹が立つ」といった未練や愚痴を表す言葉に、価値のない感化を受けてしまうからだという。

言葉は言霊だ。聖書にも日本にも古来からある「言葉自体に不思議な力がある」という思想である。

「人生は言葉で哲学化され、科学化されている。すなわち言葉は人生を左右する力がある。この自覚こそ、人生を勝利に導く最良の武器である」

言葉はまた「波動」だともいう。言葉は言ってしまった時に、その音響はなくなっても、波動が残っている。この波動が自他に作用し、影響を与えるのだ。

では消極的な言葉をつかわないようにするにはどうすればよいのか。簡単なようでなかなか難しい。天風はどんな場合であっても、不平不満を口にしないことだという。

この世の中には、自分よりももっと恵まれない人がいると考えれば、不平不満どころではなく、むしろ感謝と喜びを感じるはずだ。

天風会で愛唱されている「言葉の誦句《しょうく》」が天風の言霊の教えを最もよく表すものだ。

「私は今夜かりそめにも

吾が舌に悪を語らせまい。
否、一々吾が言葉に注意しよう。
同時に今後私は、最早自分の境遇や仕事を
消極的な言葉や、悲観的な言語で、
批判する様な言葉は使うまい。
終始、楽観と歓喜と、輝く希望と溌剌たる勇気と、
平和に満ちた言葉でのみ活きよう。
そして、宇宙霊の有する無限の力を
わが生命に受け入れて、その無限の力で自分の人生を建設しよう」
（天風誦句集天風会編）

自分を不幸な人間と考えるような不平不満、消極的な言葉は口にしない。人の幸福や希望をそこなうような言葉は絶対に口にしない。明るく朗らかに生き生きと生きるために、互いに喜びをわかちあうために、勇気やうれしさを与える言葉を言い合おうじゃありませんか。

念ずれば花ひらく

―――坂村真民

熊本県玉名村の小学校校長をしていた坂村真民《さかむらしんみん》の父は真民が八歳の時、四十歳という若さで急逝した。母タネは三十六歳で女手一つで、十一歳の長姉を頭に五人の幼な子を育てていくこととなる。暮らしは一変し、貧乏のどん底に転落した。

母は立派な体格で武家の出らしく、嫁入り道具に薙刀《なぎなた》とくさり鎌があり、男性とも試合をした。気丈に五人の子供を養育していったのである。

真民は体が弱く四歳の時、赤痢で死にかかるも、母の慈愛で成長し伊勢の神宮皇学館に学んだ。この頃から現代短歌に近づく。卒業後は熊本で小学校の教員となり、昭和九年（一九三四）、新天地で新たな自分を発見したいという思いから朝鮮の高等女学校の教職に就いた。終戦後、愛媛県で教職を勤めるも、仏教との出会い、様々な人との出会いによって、捨聖《すてひじり》と言われた一遍と山河を巡った芭蕉を師として、仏教詩人に転じたのである。四十歳の時、個人詩誌「ペルソナ」（後に「詩国」へ改名）を創刊し、愛と勇気を与える詩作を続けた。

「念ずれば花ひらく」は、真民の最も知られる詩の冒頭の句である。真民自身の書体による書を部屋に掲げ、日々教えとしている人は多く、また、石碑にもされ全国に広がっている。

この「念ずれば花ひらく」という言葉は、生活に苦闘し、多事多難の連続であった母が口にしたものであった。自らへの励ましであり、五人の子供のすこやかな成長を祈る悲願の念仏であったという。

真民の大願は、「念ずれば花ひらく」という母の願いをタンポポの種《たね》のように飛ばして一人でも多くの人に念誦してもらい、幸せの花を咲かせてもらいたいということだ。これが母への報恩行《ぎょう》ともいう。

念ずれば
花ひらく
苦しいとき
母がいつも口にしていた
このことばを
わたしもいつのころからか
となえるようになった
そうしてそのたび
わたしの花がふしぎと
ひとつひとつ
ひらいていった

母タネの願いは、今、真民の詩によって、多くの人々をまた救っている。

牛になることはどうしても必要です

――夏目漱石

夏目漱石《なつめそうせき》は第四次『新思潮』創刊号に掲載された芥川龍之介《あくたがわりゅうのすけ》の『鼻』を激賞した。

漱石の芥川へ宛てた手紙は次のような賛辞に満たされている。

「大変面白いと思ひます」「落着があつて巫山戯《ふざけ》てなくつて自然其儘の可笑味《おかしみ》がおつとりと出てる」「上品な趣があります」「材料が非常に新らしい」「文章が要領を得て能く整つてます」「敬服しました」「文壇で類のない作家になれます」

文豪夏目漱石の激賞によって、芥川は文壇へ華やかにデビューしたのである。

漱石はまた才能溢れ文壇にこれから乗り出す若い門人に忠告と激励の言葉を贈っている。芥川と同人の久米正雄《くめまさお》に宛てた手紙には特に、「たゞ牛のやうに図々しく進んで行くのが大事です」と、「牛になれ」と説いている。あせってはいけない、根気よく進めという教訓だ。

少し長くなるが大正五年（一九一六）八月二十四日付の二人へ宛てた手紙を引用しよう。

> あせつては不可《いけま》せん。頭を悪くしては不可せん。根気づくでお出でなさい。世の中は根気の前に頭を下げる事を知つてますが、火花の前には一瞬の記憶しか与へて呉れません。うんうん死ぬ迄押すのです。それ丈です。決して相手を拵《こし》らへてそれを押しちや不可せん。相手はいくらでも後から後から出て来ます。さうして吾々を悩ませます。牛は超然として押して行くのです。何を押すかと聞くなら申します。人間を押すのです。文士を押すのではありません

文壇に限らず、全てに通じる貴重な教えであり、漱石自身が歩んできた作家人生から得たものだ。

「世の中は根気の前に頭を下げる事を知つてますが、火花の前には一瞬の記憶しか与へて呉れません」とは、根気の大切さと一瞬の火花の空しさを説いたものである。そのためには牛の超然さを求めている。馬ではなく、牛なのだ。漱石自身、「僕のやうな老《ろう》獪《かい》なものでも、只今牛と馬とつがつて孕《はら》める事《こと》ある相の子位な程度のものです」と吐露している。牛になれとは自らに言い聞かせていることなのだ。

文豪漱石が自ら戒め、文壇の若き後輩に贈った「牛になれ」との教え。凡人はなおさら、この「根気」と「超然」を肝に銘じていかなくてはならない。

成功とは成功するまで続けること

――松下幸之助（一）

松下幸之助《まつしたこうのすけ》はどんな困難にあってもいったん志を立てた以上は、「継続」と「辛抱」をすれば、周囲の情勢も変わって、やがて成功への道がひらけてくるという。

松下自身、何度も行き詰まり、懸命に努力しているのに、どうにもうまくいかず、頭を悩ました事が度々あった。

独立当初の頃である。自分で考案し四ケ月ほどかかってつくりあげたソケットも、売れたのは当時のお金でたったの十円。明日の食べ物にも困ってしまうところまで追い込まれた。松下はこのソケットでもって独立したのだ。考えに考え抜いた末の決心で始めただけに、その仕事をあきらめなかった。苦しい生活の中でも、改良の努力を続けたのである。そうこうするうちに年の瀬も迫って、窮状はさらにつのった。

そこへ思いもかけず、ソケットの練り物の技術で、扇風機の部品の碍盤《がいばん》をつくってくれないかとの注文が舞い込んだ。一気に千枚を仕上げて八〇円の利益を得た。これでソケットの損失を埋めて、事業を続けることができたのである。

ソケットが売れずあきらめていたら、経営の神様も、松下電器（現パナソニックホールディングス）もなかったのだ。

松下は辛抱して根気よく努力を続けているうちに、周囲の情勢が変わったりして、思いがけない成果があがったり、その努力を続ける姿勢に外部からの共鳴や援助の手が伸びて、成功の道に進むことができるという。そして今日あきらめてしまえば、明日の成功は決してあり得ないと断じている。

「失敗するのは成功するまでに努力を放棄するからだ。成功するまで続ければ、事は必ず成功する」

松下電器は戦時中に戦争のための飛行機や船を造っていたということで、戦後GHQから財閥の指定を受けた。飛行機や船は軍部からの要請であったし、自分は財閥ではないと、松下は見解の誤りを訴えた。松下は社長を辞職せず、結局四年数カ月かかって遂に財閥から解除された。十四件の財閥指定と何千という公職追放から解除されたのは松下一人だけであった。いかに継続、辛抱が大事といっても、何かにとらわれ頑迷に陥ったり、道にはずれた方向へ努力を続けたのでは成果はあがらない。

道にかない、ひとたび志を立てた以上は、最後の最後まであきらめず、成功するまで続けることだ。

継続は力なり！

とはいうものの、継続することこそ難しい。

にもかかわらず、成功するまで続けることが最も単純で、誰にでもできる成功への鉄則である。

成功とは、99%の失敗に支えられた1%だ

――本田宗一郎（一）

本田宗一郎《ほんだそういちろう》は常に、「独創性」ということを訴える。研究・開発・技術の基本は、「模倣」ではなく、常識や過去の発想を打ち破った「創造的破壊」による独創性にあるというのである。

昭和二十九年（一九五四）、マン島のT・Tレースに出場宣言をした時、身のほど知らずと業界の物笑いのタネとなった。本田は、「大変な目標、だからこそチャレンジするんだ」と、昭和三十四年（一九五九）、初出場し、六位とはいえ、惨憺《さんたん》たる結果だった。

ところが二年後の昭和三十六年（一九六一）、１２５cc、２５０ccクラスで優勝、外国製のエンジン、技術を用いず、独自のマシンで、世界をあっと驚かせた。

そして、昭和三十九年（一九六四）、Ｆ１、ドイツグランプリに初出場し、翌年、メキシコグランプリでは優勝している。無謀と言われた四輪への参加も、二年目にして、独創技術で成功した。

本田は、模倣は元が枯れれば、こちらも枯れる。独自性とは本物であり、企業の安定にもつながるという。

スーパーカブ、Ｓ３６０、マスキー法をクリアしたＣＶＣＣエンジン、独自のオートマチック、シビック、アコード等、数々のヒット商品はいずれも独創的で、個性的なものばかりだ。

その新しい研究・開発のプロセス、成功も九九パーセントの失敗に支えられた一パーセントだと説く。

「開拓精神によって、失敗、反省、勇気を繰り返して、最後の成功という結果に達する」

失敗は一つの評価にすぎない。失敗を恐れるな。そして失敗した時には反省し、成功した時にも、さらに反省せよ、という。

独創性の素は、アイデアである。アイデアは柔軟な思考や、創造的破壊から生まれるのだが、本田にとっても、容易ではない。

「人並みはずれた好奇心と、努力と、反省のサイクルをフル回転させて、へとへとになりながらアイデアを見つけ出しているのが実情だ」と語る。

へとへとになるまで仕事に打ち込み、執念で以《もっ》て没頭し、精も根も使い果たした時に、アイデアは見つかるのである。さらに、どんなアイデアでも、それをやってみる。本田の苦闘の毎日が目に見えるようだ。

また独創性への挑戦、研究・開発の姿勢についても、その限界、できぬと断定するのは神様だけであり、石橋を叩かず、どんどん渡れ、そして時は金なりと鼓舞する。

独創的、個性的な商品を実際にヒットさせた本田は、最後にこう付け加えている。

「独創性といっても、大衆から突飛もなくかけ離れたものではいけない。独創性と大衆の持っている模倣性の関係が微妙で、また厳しい」と。

失敗から学ぶ

――ジェームズ・ダイソン

ジェームズ・ダイソンは英国のロイヤル・カレッジ・オブ・アートでインダストリアルデザインを学んだ。エンジニアや科学者になる教育を受けたわけではない。本当にやりたいことは製造業《ものづくり》だった。独立して、起業家としてスタートしたのは庭仕事や建設現場で使う手押し車の改良である。製造と販売に苦労したが、成功した。この手押し車の鋼管フレームを塗装する際、静電粉体塗装、ドライコーティングの手法を採用したが、工場にドライ塗装が舞っているのを防ぐのに、同業者からサイクロンがよいという話を聞いた。このサイクロンの遠心分離集塵機構が、革命的な掃除機のアイデアをもたらした。しかし、手押し車の特許を自分ではなく会社に登録してしまい、新規の投資家を招いて借入金が増えるにつれ、自分の株式の持分は下がり、やがて、いきなり解雇されてしまう。5年がかりの仕事を失った。この事業は失敗に終わったが、特許を押さえることと株主を持たないという教訓を得た。

そして、いよいよサイクロン掃除機に取り組むことになる。何年にもわたってイノベーションがまったく起こっていない掃除機業界という分野があり、市場は新しい製品を待ち望んでいるはずだと考えた。それから、一五年間、借金まみれになった。

何事か——長距離走であれ、まったく新しいタイプの掃除機であれ——を達成するつもりなら、自分のクリエイティブなエネルギーを一〇〇%注ぎ込まねばならない。必ず最後までやり抜くと信じること。必要なのは、決意と忍耐力と意志力だ。

紙パックのないサイクロン掃除機のアイデアで、目詰まりと吸引力低下の問題が解決できる。そして、プロトタイプづくりに没頭するが、失敗、失敗、失敗の連続であった。一ヵ所変更してはテストするというプロセスの積み重ねには時間がかかる。だが、必要なプロセスであった。手元にある理論の可・不可を一つひとつ確認する必要があったからである。それに、どんなにストレスがたまろうとも、失敗に屈するのは嫌だった。結局、ライセンスを取得できるモデルに到達するまでに、五一二七個のプロトタイプを作った。五一二六回の失敗は五一二七回目に正しいものを手にするまでの発見と改良のプロセスの一部だった。

失敗はとても重要だ。失敗から学ぶことは重要だし、間違いなくそうすべきだし、失敗する自由があるべきだ。

五一二七個のプロトタイプを作ったことは、ダイソン社の伝説になっている。四年という時間をかけて、ほとんどのサイクロンの専門家よりも多くのサイクロン式分離機を組み立て、テストした。そうして、専門家が無理だとした顕微鏡でなければ見えないような小さな粒子をとらえることができるようになった。

既存の掃除機メーカによる妨害や、ライセンス供与企業が契約を解除して類似製品を作るということもあり、販売にも苦労した。ライセンス契約をめぐり、多額の負担がかかる訴訟も相次いだ。ライセンス契約はほぼすべてが失敗し、貴重な時間を無駄にした。

そうして、自社生産に切り替えた。独立独歩の道を歩み始めた。ベンチャーキャピタルには断られ、政府の支援制度もなかった。自宅を担保に何とか得られた銀行融資で、製造実現に動き出した。販売網は少しずつ広がってきた。発明とフラストレーションと決意の一五年間がついに報われ始めた。

僕には素朴な知性に裏打ちされたいろんなレベルの忍耐力が備わっていて、つまりは、道を進む間、立ち止まって自問したり専門家の意見に耳を傾けながら、自分で夢を描き、実現していく人間である。アイデアの有効性はもちろんのこと、プロダクトについても進んで疑問を投げかけ続ける態度は、如才ないグローバルビジネスの世界では愚直に思われるかもしれないが、それで僕もダイソンもうまくいったといえるし、未来の発明家、エンジニア、デザイナー、メーカーにとってもそうだろうと思っている。

ダイソン社は掃除機の会社では終わらない。従来の扇風機は羽根の中央に重いモーターがあるため、上部が重く、常に角度調整機構の上に頭を垂れてきた。対して、ダイソンのファンはモーターがベース部にあり、また、羽根がない。従来のヘアドライヤーのモーターのファンは直径が五〇ミリかそれ以上であった。そこで、直径がたった二八ミリで重さもわずかなモーターを考案し、ヘアドライヤーの持ち手の部分に収納し、重心が文字通り手のひらに収まるようにした。

革新的な製品を世に出していったダイソン社は、グローバル企業へと発展した。そして、テクノロジーが農業の革命を推進するとして、サステナブルな農業を目指し、ダイソンファーミングを設立し、農業に進出した。デザインとテクノロジーが世界をよくするとして、ジェームズダイソン財団を設立し、ダイソン インスティテュート オブ エンジニアリング アンド テクノロジー、毎年授与されるジェームズ ダイソン アワードを通じて、未来のエンジニアや起業家を育成・支援している。

ダイソン社はサイクロンとモーターを中核技術に事業を多角化し、社会事業にも取り組んでいる。その最大の教訓は未来を見据え、自らプロトタイプを作り、失敗から学ぶということである。

人生の結果＝考え方×熱意×能力

――稲盛和夫

京セラ創業者の稲盛和夫《いなもりかずお》は、同社を電子・産業用総合部品メーカートップに育て上げ、第二電電（現ＫＤＤＩに発展）を設立し、通信事業のグループ会社を次々と手掛けた、戦後最も成功した起業家と評される。

その発展の理由を問われると稲盛は、「企業哲学があり、それを全社員と共有できているからです」と答える。心と精神を高めるという強烈な稲盛イズムが全社員を引っ張り、成功へと導いたのである。

その経営哲学、事業の考え方は多岐にわたるが、「人生で成功するための方程式」が第一の教えである。

稲盛は人生とは自分自身が主役を演ずるドラマといい、その人生の結果とは考え方と熱意と能力を掛け合わせたものだという。そしてこれが、ごく普通の能力しか持たない人間が大きな成功をなし得るごく単純な方程式と答える。

「能力」とは、「健全な肉体や、才能、持って生まれた適性等のことで、多分に先天的」なものだ。

「熱意」とは、「どうしてもこうありたいという強い思いであり、自分自身で決めることができる」という。

「能力」と「熱意」はそれぞれ、最低の〇点から最高の一〇〇点の間で評価される。そこで飛び抜けた才能がなくても、自分の欠点を知っていて、それを補うために誰よりも情熱を燃やして懸命に努力する人は、生まれながらの才能に恵まれ、努力を忘れる人より、大きなことを為し遂げることができるのである。

「考え方」とは、「どういう心構えで人生を送り、仕事をするか」ということだ。「考え方」はマイナス一〇〇点からプラス一〇〇点の幅で点数をつける。否定的な感情にとらわれている人はマイナスの心構えになり、人生もまたマイナスとなってしまう。逆に前向きに素直な考え方を持っている人は、プラスの素晴らしい人生を送ることができ、成功することとなる。

人生の結果とは、結局は「考え方」に拠ることになる。「考え方」が最も重要だ。

稲盛は大変な就職難の時代、たくさんの会社の入社試験を受けるも、採用は決まらず、ようやく京都の小さな会社に就職した。強い九州なまりで劣等感も味わい、給料遅配、ボーナスが出ない、将来の望みもないという現実にも直面した。

独立といっても、たいしたビジネス経験もない、ただの若い平凡なエンジニアが集まったにすぎなかった。限られた能力しかない仲間でも成功できるのだと考え出したのが、「成功のための方程式」であったのだ。

実際に、正しい前向きな考え方を基本に、自分たちよりも才能のある人たち以上に、懸命に働こうとの熱意によって、京セラは創業されたのである。

うさぎと亀の話ではないが、能力よりも考え方と情熱が、成功を左右する。能力ある者はそれでさらに努力するとよい。正しい方向で。

この成功の方程式と、稲盛の平凡な能力から出発した京セラ成功物語は、多くの人を勇気づける。

第四章

対処の法

人を相手にせず、天を相手にせよ。
天を相手にして、
己を尽くして人を咎めず、
我が誠の足らざるを尋ぬべし

―― 西郷隆盛

坂本龍馬《さかもとりょうま》が西郷隆盛《さいごうたかもり》を評して、「西郷という奴は、わからぬ奴だ。少しく叩けば少しく響き、大きく叩けば大きく響く。もし馬鹿なら大きな馬鹿で、利口なら大きな利口だろう」と語っている。

西郷隆盛は人望の人である。幕末維新の大立者で西郷隆盛だけが、大西郷と呼ばれる。西南戦争に、豊前《ぶぜんのくに》中津《なかつ》藩《はん》から最後の城山籠城まで薩軍に参加し戦死した増田宗太郎《ますだそうたろう》は、西郷について次のように語っている。

「吾ここに来り始《はじめ》て親しく西郷先生に接することを得たり。一日先生に接すれば一日の愛生ず。三日先生に接すれば三日の愛生ず。親愛日に加わり、去るべくもあらず。今は善も悪も死生を共にせんのみ」

西郷の信条は、「敬天愛人《けいてんあいじん》」である。征韓論にも西南戦争にも、自らを利する目的はなかった。無私で至誠を貫いた生涯であった。

人ではなく、天を相手に己を尽くせというのは、物事をなそうという場合の戒めである。そして意図せざる結果については、人を批判せず、自らの誠意が足りなかったのだと反省せよという。より高い次元、大きな視点から取り組み、自らを厳しく律するというのは、また日々の生活や仕事における教訓でもある。

このような姿勢に、やがて人が自然に寄り集まり、慕ってくるのであろう。

幾《いくた》びか辛酸《しんさん》を歴《へ》て志始《はじめ》て堅《かた》し、
丈夫《じょうぶ》玉砕《ぎょくさい》甎全《せんぜん》を愧《は》づ
一家の遺事《いじ》人《ひと》知るや否や
児孫《じそん》の為に美田を買わず

西郷の著名な一詩だ。子孫のために美田を買わずとは維新政府の要職に就き、華美、ぜいたくに走るかつての志士に対する批判と読めるが、今日では子孫に財産を遺すのも一つの生き方だ。

この詩の前半を味わいたい。何度か辛いことを経験してはじめて志が固くなり、男子たるものは玉となって砕けようとも、かわらとなって命を全うすることを恥じる。西郷の生と死は、大物の生き方を教えている。

行蔵《こうぞう》は我に存す。毀誉《きよ》は他人の主張、我に与らず

――――勝海舟

勝海舟《かつかいしゅう》は徳川末期、幕府を代表して、その終戦処理に当たった。西郷隆盛と江戸城無血開城を談判したことは良く知られている。そして明治維新となるや新政府に参画し、海軍大臣や枢密顧問官といった要職を務めた。

福沢諭吉は、『やせ我慢の説』という本を書き、「二君に仕えた幕臣」として榎本武揚《えのもとたけあき》とともに勝海舟をとりあげた。

「行ないは自分のもの。批評は他人がするもので、私には無関係」というのが、勝のコメントである。

勝のこの言葉は、彼の全生涯を貫いている信条である。勝は幕府にあっても、堂々と自論を主張し、実践した。そのために度々、災いにあうも、一向に意に介さなかった。

一つには物事の選択を、より高い次元で、とらえていたことによる。「佐幕か勤皇か」という問題についても、日本の国家・国民という次元から幕府に見切りをつけ、新政府に期待したにすぎない。

もう一つが、己の信念を貫くということである。自らの考えで判断したことは、他人の批評や一時の利害にとらわれずに、実現に向けて貫徹する。身分を問わず能力ある者を登用することや、海軍力の増強は、幕末維新に、勝が繰り返し説いたところである。

勝はこのように自らの価値観・主体性の確立を説く一方、「人はよく方針というものだが、方針を定めて一体どうするのだ」といい、状況に合わせた臨機応変、柔軟な態度を悟している。自らの信念と実践を貫きながら、幕末の動乱を乗り越え、体制の異なる二君に仕い得た、勝の教えである。

すべての事の極端を想像して覚悟を定め、マサカのときに狼狽せぬように後悔せぬように

――福沢諭吉

福沢諭吉《ふくざわゆきち》は、幕末維新にあって、個人の自由独立を説いた先覚者である。「天は人の上に人を造らず人の下に人を造らず」という『学問のすゝめ』の冒頭の宣言は、あまりにも有名である。

福沢の自伝『福翁自伝』は古今東西の自伝中、最高傑作の一つとして評される。幕末維新の歴史から、福沢の大志、そして妙味ある人生訓、ともすれば滑稽な処世術が読み

取れる実におもしろい自伝である。

『福翁自伝』からそのエッセンスを。

その一。一身の私を謹んで一家の生活法を謀り、他人の世話にならぬようにと心がける。

その二。世の中を見て文明改進のために施してみたいと思うことがあれば、世論に頓着せず思いきって試みる。

福沢は酒好きで人にせがむこともあったが、借金は決してよくないと言っている。

事実、福沢は尊皇にも佐幕にも関わらず、ひたすら洋書の翻訳に没頭していた。

その三。教育は自然の原則に重きを置いて、数と理の二つを本《もと》にして、人間万事有形の経営はすべてソレカラ割り出す。

道徳は人生を万物中の至尊至霊のものと認め、自尊自重いやしくも卑劣なことはできない、不品行なことはできない。不仁不義不忠不孝、ソンナあさましいことは、だれに頼まれても何事に切迫してもできない。

一身を高尚至極にして、いわゆる独立の点に安心するようにしたいものだ。

まず土台を定めて、一心不乱にただこの主義にのみ心を用いる。

これらは身分は低く貧しい家柄で、緒方洪庵の適塾に不眠不休で蘭学を学んだ福沢の教育論で、人生論だ。その原点は、平等で、自由で、独立した個人の確立にある。福沢自身の志は、西洋文明の案内者として、日本を文明富強国にしたいというものであった。

その四。人の志はその身の成り行き次第によって大きくもなりまた小さくもなる。子供のときに何を言おうと何を行おうと、その言行が必ずしも生涯の抵当になるものではない。ただ先天の遺伝、現在の教育に従って、根気よく努めて迷わぬ者が勝を占めることでしょう。

天与の才はいかんともしがたい。しかし、生まれ育った環境、与えられた条件、そして教え育まれる中で、根気よく迷わず努める。そうすれば、いつかは志は実現される。生まれながらの天才に対して、じっくりと愚鈍にも努力する方法である。

立志と自由、独立の土台は、他を頼らず学ぶこと、根気、迷わないことにあるようだ。『福翁自伝』をおすすめする。

一忍《いちにん》、以《もっ》て百勇《ひゃくゆう》を支《さ》う可《べ》く、
一静《いちせい》、以《もっ》て百動《ひゃくどう》を制《せい》す可《べ》し

――――河井継之助

越後長岡藩士河井継之助《かわいつぎのすけ》は、若くして陽明学にふれ、古賀謹一郎《こがきんいちろう》・佐久間象山《しょうざん》・山田方谷《ほうこく》らに学び、帰国後、藩主牧野忠恭《まきのただゆき》に認められ、藩士禄高の平均化を図るなど、大胆な藩政改革を行った。

戊辰戦争では、武装中立を唱え、西軍と和平工作を進めるも、西軍の礼を失した強硬な態度に交渉決裂となり、遂に軍事総督として長岡藩を率い、北越戦争を果敢に戦い、負傷して没したのである。

腕白で不羈《ふき》奔放《ほんぽう》な少年は、実学を重んじる王陽明に私淑し、学を修め、後に長岡藩の一大政治家となるも、なお豪胆で遊蕩《ゆうとう》を以て評され、開戦の責を一身に負って、従容として死に臨んだ。

「一忍《いちにん》、以《もっ》て百勇《ひゃくゆう》を支《さ》う可《べ》く、一静《いちせい》、以て百動《ひゃくどう》を制《せい》す可《べ》し」とは、郷土の英雄として河井を敬った山本五十六が好んで揮毫《きごう》した河井の教えである。

山本はまた、河井の「進むと出づるということは、上の人の助けを要さなければならないが、処《お》ると退くは、人の力をからずに自分ですべきもの」という出処進退の訓戒を自らの信条としていた。

河井は、事に当たり、大任を引き受けるにはまさに、忍と静を以て備え、百勇と百動を以て処した。困難や抵抗を乗り越えての厳しい藩政改革も、大軍を相手の長岡城の奪還も忍と静を以て用意周到に準備し、百勇と百動を以て実行した。力をため、そして一気に吹き出すように、忍と静は行動の前の、百勇と百動は行動に際しての教訓だ。

長岡城下を焦土と化した河井は、大いに責められよう。しかし安易な道を選ばず、行動への覚悟と胆力を示した河井の教えもまた大きい。

我、事において後悔をせず

——宮本武蔵（一）

人生はともすれば、後悔の連続だ。あんな事をやらなければよかった、あんな事は言わなければよかった。こうすればよかった、失敗したと、くよくよする。

これに対して、宮本武蔵《みやもとむさし》は、自分はどんな事にも後悔はしないという。過ぎ去ったことは切り捨て、新たな心で前進する。

死の七日前に、自らの人生訓を箇条書きに記したのが、『独行道《どっこうどう》』である。

「我、事において後悔をせず」とは、その最も有名な教えである。

「いづれの道にも、わかれをかなしまず」

「道においては、死をいとはず思う」

「仏神は貴し、仏神をたのまず」…

などもよく知られている、武蔵の人生観である。


武蔵は剣術と兵法の求道者であるが、その唱える教訓は、一途の目的への取り組み、厳しい自己修養への示唆に富んでいる。

『五輪書《ごりんのしょ》』地之巻には、兵法を学ぼうとする人の、道を行なう法として、

「物毎《ものごと》の損得をわきまゆる事」

「役にたたぬ事をせざる事」

「諸芸にさはる所」

「諸職の道を知る事」

などをあげている。


目的の理にかなったことしかやるな、目的に集中せよと教える一方、視野の広さということも説いている。


その努力の過程、日々の勤め、人生においては、

「我、事において後悔をせず」、だ。

神明《しんめい》はただ平素の鍛錬に力《つと》め
戦はずしてすでに勝てる者に勝利の栄冠を授くると同時に、
一勝に満足して治平に安《やすん》ずる者よりただちにこれをうばふ
古人曰《いわ》く、勝って兜《かぶと》の緒を締めよと

――東郷平八郎

日露戦争日本海海戦で、ロシアバルチック艦隊に大勝した連合艦隊解散式の「告別の辞」の結びである。読み上げたのは司令官東郷平八郎《とうごうへいはちろう》であるが、作成は参謀秋山真之《あきやまさねゆき》である。

日露戦争はロシアの南下侵略に対して、維新国家の存亡を掛けて、アジアの新興国日本が、高ゲタに背伸びして戦った戦争である。明治三十七年（一九〇四）一月十二日開戦決定。

『龍馬がゆく』と並んで最も愛読されている司馬作品『坂の上の雲』に、その始終が語られている。リーダーと参謀、戦略と戦術、計画と決断、成功と失敗、運と不運、生と死、そして国家というものが描かれている名著である。

その命題は、不利な状況は如何に克服され得るのかということである。

「智謀《ちぼう》湧くが如し」と評された秋山真之。後にその大勝は天佑《てんゆう》と神助《しんじょ》に由ると語った。

日本陸軍の騎兵隊を育て上げ、世界一のコサック騎兵隊と奮戦し、陸軍大将にまでなるも、故郷松山の中学校校長として晩年を送った兄の秋山好古《あきやまよしふる》。

大山巌《いわお》という満州軍総司令官の器。

自ら降格して参謀となり、そして全線の指揮をとった児玉源太郎《こだまげんたろう》。

旅順で苦悩した悲運と潔癖の乃木希典《のぎまれすけ》第三軍司令官。

藩閥にとらわれず海軍の変革を断行した海軍大臣山本権兵衛《やまもとごんべえ》。

その他有名無名の将と兵が、命をなげ、泣血と汗を流して奇跡に勝利したのが日露戦争であり、これを締めくくったのが、真之の心命を賭して練った作戦と、東郷の決断と指揮による日本海海戦であった。

秋山真之は正岡子規《まさおかしき》とともにはじめ文学を志した。真之は海軍に進んだが、その知謀に文才が天与されていた。

「敵艦見ユトノ警報ニ接シ、連合艦隊ハ直チニ出動、之ヲ撃滅セントス。本日天気晴朗ナレドモ波高シ」

この開戦の大本営宛電文の後半は、真之が加えた。晴れと高い波は自隊に有利と暗示している。

「告別の辞」には、「百発百中の一砲、能《よ》く百発一中の敵砲百門に対抗しうるを覚《さと》らば、我等軍人は主として武力を形而上《けいじじょう》に求めざるべからず」ともある。

この長文は各国語に翻訳され伝えられたが、特に米国大統領セオドア・ルーズベルトはこれに感動し、自国の陸海軍に配布した。

万事、日頃の鍛錬と、戦わずにして既に勝つ取り組み。そして、勝運は怠けるものからはたやすく去ること。諸事、勝って兜《かぶと》の緒を締めなければならない。

少壮鋭気に任せて成功を急いではならぬ 急ぐと無理が出る。手ぬかりがでる

――伊庭貞剛

住友家の第二代総理事となった伊庭貞剛《いばさだたけ》の青年に告げた言葉である。

伊庭は明治二十七年（一八九四）、殺気だった労働争議で揺れる別子銅山《べっしどうざん》に、『臨済《りんざい》録《ろく》』一冊だけを携えて、単身で乗り込んだ。小手先の妙案もなく、まさに命がけの仕事であった。伊庭は明治三十二年（一八九九）までの五年間にわたって、よくその人格によって荒れる労働者の人心を静め、煙害の原因となっていた製錬所を瀬戸内海の孤島で

ある四阪島《しさかじま》への移転を図り、痛んだ山には植林をした。大英断の大事業である。

そして、四阪島移転工事の一部竣工を見届けて、多くの人に惜しまれながらも、総理事を引退した。五十八歳という若さである。引退に先立って著したのが、「少壮《しょうそう》と老成《ろうせい》」という有名な一文である。

「事業の進歩発展に最も害をなすものは、青年の過失ではなくて、老人の跋扈《ばっこ》である」と老害を説き、青年を鼓舞した。

しかし、青年にも厳しい戒めの言葉を残す。その鋭気に任せて成功を急いではならないと。

そして、「早く楽をしたいというような考えではなく、ある一つの目的を確乎《かっこ》と握って、一代で出来ねば、二代でも、三代でもかけてやる位の決心で、一生懸命に人事を尽くすなら、成功は天地の理法として自然に来るものである」と、教え諭す。楽を求めず、ねばり強く、努力する。そうすれば成功は自然についてくる。これが天地の理法である。

青年を尊んだ伊庭の、特に、青年に宛てた教えである。

衆知を集める

——松下幸之助（二）

経営の神様、松下幸之助の起業は、ゼロというよりも、むしろマイナスといってよいハンディキャップを負ったものだった。

和歌山の素封家《そほうか》に生まれるも、父親が米相場に失敗し、家代々の財産を一度に失い、一家離散。松下は小学校四年中退で、大阪に丁稚奉公《でっちぼうこう》に出た。体も弱く、二十歳の時、結核の初期段階である肺尖《はいせん》カタルを罹い、床に伏せがちとなった。

頼れる身内や故郷もなく、学歴や金もない松下は、身体をいたわりながら仕事に携わったのである。
小さな土間でむめの夫人とその弟井《い》植《うえ》歳《とし》男《お》（後に松下と別れ三洋電機を創業）と三人ではじめた松下電器は、今日関係従業員数十万人を数える世界的大企業、パナソニックへと発展した。

恵まれない条件からスタートしたその成功の要因はどこにあるのだろうか。

松下自身は、「たまたま運がよかったから」「電気に関する仕事が時代に合っていたから」「人材に恵まれた」「理想を掲げた」などと語っているが、その中でも強いて言えば、「凡人」であったからだという。

具体的には、「学校へ行かなかったから、人に尋ねながら経営をしてきた」ということをあげ、学校を出ていれば人に尋ねるのも恥ずかしいと思うだろうし、あるいは聞く必要もないと思ったかもしれないといい、幸いにして学校へ行ってないから、人に尋ねる以外になかったとふりかえっている。松下にとっては、学校へ行かなかったことが、実に幸いであったのだ。

松下は多くの人にものを尋ねることを「衆知を集める」と表現する。

「人間一人ひとりの知恵というものは人によって異なるとしても、たとえどんな偉大な人であってもおのずと限りがあります。その限りある知恵でものをみたり考えたりしたのでは、物事の実相を十分にみきわめるということもできませんし、往々にして過ちを犯す結果に終わってしまうでしょう」

「多くの人たちの知恵」が「衆知」であるが、同時代の自分の周囲の人達の知恵に限らない。古の聖賢や先達のあらゆる知恵をいう。これら衆知から自分なりの知恵が生まれてくるのだ。

そして衆知を集めるには、「素直な心」がなによりも大切となる。

素直な心とは、

「何ごとにもとらわれず、かたよらず、こだわらず、見て考えて行動する心」

「寛容にして私心なき心、広く人の教えを受ける心、分を楽しむ心であり、また、静にして動、動にして静の働きのある心、真理に通ずる心」という。

また、「素直な心があれば、おのずから謙虚な気持ちも生まれてくるし、人を許す心も生まれてくる」ともいう。

そして素直な心になるためには、素直な心になろうと自分で工夫し、努力するしかないと説く。

素直な心で衆知を集めるとは、人の話、人の教えを謙虚に積極的に聞くことである。松下は実に聞き上手であった。

松下幸之助の晩年の二十二年間、常に傍らで仕事をしてきた江口克彦氏は、松下には二つの思考軸があり、その横軸は「多くの人たちの知恵を集める」という思考軸であり、縦軸は「天地自然の中から真理を見いだそうとする」思考軸であるという。

事にあたって、まず衆知を集める努力に留意したい。

ものの見方の三原則
——長い目で、多面的に、根本的に

安岡正篤（二）

安岡正篤の逸話として、終戦の詔勅の文案校訂のエピソードがある。それは宮内省御用掛りの原案に、一つには『近思録《きんしろく》』に納められている宋の大儒の一人張横渠《ちょおうきょ》の名言、「万世ノ為ニ太平ヲ開ク」を書き加えることであり、これは採用された。もう一つが、「朕《ちん》は時運の趨《おもむ》く所堪《た》へ難きを堪へ忍び難きを忍び」の箇所の「時運云々」を「義命《ぎめい》ノ存《そん》スル所」と朱を入れたことだ。これは『春秋左氏伝《しゅんじゅうさしでん》』の「信以《しんをもっ》て義を行《おこな》ひ、義以て命を成す」を出典とするが、「義命」という言葉は難しいと、安岡にすれば「風の吹き回しで降伏する」というような「時運」に決定されたのだ。安岡は当時の起草者やこれに携わった学者の識見がなかったことを証明するものと憤激するも、長く沈黙を守っていた。

安岡正篤の教えはこのように、東洋思想とりわけ中国古典を軸に、深く人間の在り方を掘り下げたものである。

安岡は東洋民族の先覚者に共通に行なわれているという「思考の三原則」をあげている。

第一は、目先にとらわれずに、できるだけ長い目で観察するということ。

「損して得しろ」「負けて勝て」という教えもある。人はつい目先の利益や手っ取り早い成果を求めがちだ。短期的で、局小的な答えを求めるのではなく、長期的・究極的で大局的な結果を模索したい。

第二は、一面にとらわれずに、できるだけ多面的に、できれば全面的にも考察するということ。

「群盲、象をなでる」という教えがある。また「大胆」だということは一面「無謀」だということであり、「小心」だということは一面「慎重」だということでもある。限られた知識や情報で、物事を性急に判断してはいけない。

第三は、枝葉末節にとらわれないで、できるだけ根本的に考えるということである。伝えられた言動をそのまま鵜呑みにするのではなく、その真意を尋ねなければならない。皮相的な理論ではなく、原理原則を明らかにしなくてはならない。

ものの見方は、「長い目で、多面的・全面的に、根本的に」だ。

物事や人生の困難な問題を、目先で、一面的に、そして枝葉末節をとらえて考えるのと、この三原則で見るのとでは、その結論が反対にさえもなってしまう。

あわてず、一喜一憂することなく、この三原則で真理を得て、正しい判断、対処の仕方を得たいものだ。

第五章

学ぶ姿勢

聖賢《せいけん》に阿《おも》ねらず

――吉田松陰（一）

『講孟箚記《こうもうさっき》』（後に『講孟余話』と改題）は吉田松陰《よしだしょういん》の主著であり、孟子研究の名著である。松陰は下田踏海《とうかい》に失敗して萩に送られ、投獄された野山獄《のやまごく》で同囚に孟子を講義し、釈放されてからは杉家幽室《すぎけゆうしつ》で家族や近所の子弟に続けた。その講義録が『講孟箚記』である。

「孟子序説」で松陰は、「経書《けいしょ》を読む第一義は、聖賢に阿《おも》ねらぬことが肝要である。もし少しでも阿ねる所があれば、道明かならず、学ぶとも益なくして害あるのみである」

という。

聖人や賢人に追従《ついしょう》してはならないという教えである。松陰は生まれた国を離れて他国に仕えた孔子や孟子を批判する。自分の君主を愚鈍だとか昏迷《こんめい》であるといって、生国を去って他国で仕官するのは、自分の父親を頑愚《がんぐ》といって、家を出て隣の家の老人を父親とするのと同じであるというのだ。

『大学』にいう修身・斉家・治国・平天下の順序は決して乱すべきものではないという理由である。

聖賢は畏敬の対象ではあるが、すべてを鵜呑みにすべき真理ではない。修身の一助にすぎない。聖賢をも乗り越える主体性と、一切の判断、責を自己に求める厳しさこそが大事なのだ。

孟子もまた「聖人と我々は同類である」といっているが、松陰はこの箇所を強調して次の様に説き、松下村塾の門人に訴えている。

「今の人は堯《ぎょう》・舜《しゅん》・湯王・文王・孔子・孟子の如き、古《いにしえ》の人をみだりに懼《おそ》れる必要はない。これら人物は古昔にも稀な人で五百年に一人現れるにすぎない。だからこそ、この大道は千万世を経ても滅びることがないのである。古人の古人たる所以である。

しかし、いやしくも人は自ら激昂すれば、古人に及ばない訳がない。願わくば、今より諸君と共に激昂し、上は往聖を継ぎ、下は万世を開くことができれば、吾が党（松下村塾）といえどもまた古の人となるのである。

俗人の癖として、古人といえば、神か鬼か天人かであり、今の世の人とは天壌の隔絶がある人間のように思っている。これは自暴自棄の極致であり、ともに堯・舜の道に入ることができぬものとは、このような人間をいう」

古の聖賢や同時代の先達は貴重な教えである。しかし諸手をあげて賛成すべき唯一の正しい思想、定理ではない。阿ねることなく、主体性と責任をもって学び、自らの糧としていくことが大切だ。

今から激昂して頑張れば、松陰をも乗り越えられる。

人間が歴史をつくる

――司馬遼太郎

未来は歴史の彼方にあり、歴史とは人間の日々の営みの積み重ねである。歴史は人間がつくる。歴史を知ることによって、人間というものを知ることができるのである。

司馬遼太郎《しばりょうたろう》は綿密な事実の集積と豊かなイマジネーションによって、歴史小説の数々の名作を著した。その膨大な司馬文学の骨格をなすものは日本人とは何か、人間の魅力とはいったい何なのかという問い掛けであった。

司馬は思想やイデオロギーといった体系を現実とは何のかかわりもない「大虚構」「う

そっぱち」と看破した。そして社会を動かし歴史を回転させるその中心に、精神とともに感情をはらんだ人間そのものをすえたのである。人間は理念や意志で動くが、一方その行為は様々なきっかけや偶然、利害や人間関係によってもたらされる。司馬史観の核心は、人間が歴史をつくるということにある。

『新史　太閤記』では、天下取りまでの豊臣秀吉を「人間の傑作」として躍々《やくやく》と描いている。

国民作家としての地位を確立した『竜馬がゆく』では、「維新史の奇跡」坂本龍馬を軸に武士の精神による明治維新の本質を説き明かした。

日本人の気概を著した『坂の上の雲』は昭和の敗戦後、ＧＨＱやいわゆる進歩的文化人によって否定された日本の近代史に光をあてた。主人公である秋山兄弟らの必死の闘いや二百三高地における多くの犠牲者の下で、極東の片田舎の小国が世界の大国に勝利し、民族としての独立を守り近代化をなしとげた、そのドラマ・ストーリーは多くの人々に勇気を与え、また人事・組織論、戦略・戦術論など貴重な示唆を含んでいる。

司馬文学は織豊《しょくほう》時代の天下統一から徳川幕府の成立まで、そして幕末維新と現代へ連なる歴史の大きな転換期の主役達を見事に描ききっている。さかのぼっては『空海の風景』、また『果心居士の幻術』など伝奇ものと、軍事、経済、宗教、文学、考古学とその主題、副題の裾野は広い。根底に一貫して流れているのが、人間への洞察、日本人の気概への賛歌である。

晩年の司馬の仕事は文明批評となる。『街道をゆく』では紀行を通して歴史と人間を考える楽しみを教えてくれた。さらに土地問題を論じ、日本民族のエネルギーの消失を懸念し、日本はこれから「親切な国」になっていかなければならないと説いた。そして『この国のかたち』を著した。

しかし辞書を引かなければならないような漢字もある独特の漢文調の司馬の文章は、決して平易に読めるものではない。じっくりと読み込んでこそ、その言葉のリズムに、余韻に、行間に司馬の意図、思いを感じ取ることができ、登場人物が語る箴言にはっとさせられるものだ。

大家として偉ぶることなく、司馬は生涯一書生として歴史上の英雄を身近な人物として描き、歴史から現代を語り、未来を憂えた。人間学の宝庫である司馬文学は誰しにも立志へと誘う人生発奮の書である。

司馬遼太郎に楽しみ、学び、日本人の気概を保っていきたい。

一通の書を読み得たる後は、書をなげうって専《もっぱ》らに己に思うべく候

——横井小楠

勝海舟が『氷川清話』で、横井小楠《よこいしょうなん》と西郷隆盛を評して、「おれは、今までに天下で恐ろしいものを二人見た。それは横井小楠と西郷南洲《なんしゅう》とだ。…横井の思想を、西郷の手で行われたら、もはやそれまでだと心配していた」と語った。

肥後熊本藩士横井小楠は、藤田東湖《とうこ》・吉田松陰・橋本左内・坂本龍馬らと交わり、越前福井藩に招かれ藩主松平春嶽《まつだいらしゅんがく》の政治顧問として活躍した。「堯舜《ぎょうしゅん》孔子の道を明らか

にし、西洋機械の術を尽くして」、「大義を四海に布《し》かんのみ」という思想家・開明論者であったが、維新政府成立後、キリスト教徒、天皇制を否定する共和主義者と斬奸《ざんかん》され、暗殺された。

小楠は、学問の工夫をまず「思う」ことにあるという。この自分でじっくりと「思う」ことがなければ、幾千巻の書を読んでもただの帳面しらべになってしまう。まず書は字引と知るべしと語る。

読んで、思っても、得るところがなければ、さらに古人に照らす。そうした「思」はやがて「合点」に結実する。

合点とは、「この書を読みこの理を心に合点すれば、この理は我が物となり、その書は直ちに糟粕《そうはく》（酒かす…良いものをとった残り）となることを表す。我が物になった以上は、別の物事に応ずるにも、この理はよくその物事に通じて活用できるもの」という。

読んで、知って、さらに「思」に徹し、「合点」に到る。そして、この「合点」は、万事に通じることとなる。

「本心の感発に心付き、成程ここのことと心に真実に合点したるが本領の合点と云うものなり。この合点なるときは、世間窮通《きゅうつう》得失栄辱《えいじょく》等の一切の外欲、実々度外のことに思い絶てこの心累《わずら》わさることとなし」

「思」と「合点」は、読書、学問、仕事の要諦である。但し、独りよがりと早合点は禁物である。

遊歴《ゆうれき》は学問実着《じっちゃく》に相成《あいな》り、益を得る少からず候《そうろう》

——高杉晋作

高杉晋作《たかすぎしんさく》は吉田松陰門下で、久坂玄瑞《くさかげんずい》と双璧をなし、「鼻ぐりのない離れ牛」と評された。百五十石取りという大組に属しながらも、自由奔放で、酒も飲めば女遊びもし、暴言も吐けば長刀も抜く。「性素《もと》より疎にして狂」の頑固者であった。一方、忠孝を信念とし、大変な読書家で、約三百篇の漢詩もつくっている。

その晋作の生涯は旅と出会いと闘いに象徴される。

「大丈夫、宇宙の間に生れて、何ぞ久しく筆研につかへんや」

男子たるもの、この宇宙に生れ、どうしていたずらに筆をとり、書をひもといている時であろうか。

晋作は下関から江戸までの航海実習に乗組み、加藤有隣、佐久間象山、横井小楠といった有識者を訪ねて、水戸、信州松代、越前福井を巡った。そして幕府の蒸気船で上海へ渡航し、二か月間滞在した。

「名山大川を跋渉《ばっしょう》し、奇人傑士《けっし》に交わり、耳目にふれて、感動を呼び起こそうとするのは、将来の大事業の基礎になるものをつかもうとするためで、単に、他日の話題に供しようとするためではない」

自己を磨くには人物との出会いと、遊歴や経験である。

晋作は、やがて奇兵隊を組織し、藩論を統一した。そして、海軍総督として、第二次征長幕府軍に勝利した。

人《ひと》は人吾《われ》は我なり山の奥に
　棲《すみ》てこそ知れ世の浮沈《うきしずみ》
己惚《うぬぼれ》て世は済みにけり歳の暮

病床で詠んだ歳末の二句である。

おもしろきこともなき世をおもしろく

途中で力が尽き、筆をおとしてしまった辞世の歌である。

勤皇の女流歌人野村望東尼《のむらもとに》が、「すみなすものは　心なりけり」と続けた。

晋作は、「おもしろいのう」と微笑し、ほどなく絶えた。

まさに、「動けば雷電の如く、発すれば風雨の如し」の、おもしろく、大胆不敵に策を練り、行動した、二十七年と八カ月という、遊歴の生涯であった。

千日の稽古を鍛《たん》とし、万日の稽古を練とす

——宮本武蔵（二）

宮本武蔵の『五輪書』は、剣術の書であり、兵法の奥義を説いたものであるが、人生全般や仕事の工夫にも通じる教えが、随所に語られている。

武蔵は若くして剣豪と名を成し、巌流島で舟のカイで作った木刀で、一瞬の内に、佐々木小次郎を撃ち倒したのは、二十九歳の時と伝えられる。その後、忽然《こつぜん》と姿を消し、二十八年たってから熊本へ姿を現わした。

その晩年、霊巌洞《れいげんどう》で坐禅をし、闘鶏図や蘆雁図《ろがんず》などの優れた多くの芸術作品を残す一

方、兵法の極意を約二年を費やし、まとめた。『五輪書』である。

本書では、生死をかけた剣の修行も、結局は、「千日の稽古を鍛とし、万日の稽古を練とす」につきるという。「鍛錬」の意味である。


武蔵はまた、「朝鍛夕練《ちょうたんせきれん》」ともいう。不断の努力を表す言葉であるが、「千里の道もひと足ずつはこぶなり」とあるように、一気に完成に到達しようとするのではなく地道に一歩、一歩を固めることが大切であるという。

「今日はきのうの自分に勝ち、明日は自分より下手な者に勝ち、その後は、自分より上手な者に勝つ。少しもわき道に心を動かされてはならない」

目的に向かっての、継続的な努力という教えである。

また、一つのことを究めれば、それは万事に通じるともいう。武蔵は剣の道の究極を極め、そして絵画と書に通じ、彫刻を彫った。

「まよひの雲の晴れたる所こそ、
実の空《くう》とするべき也。

空を道とし、道を空と見る所なり」

武蔵の達した境地である。

大事を思立しもの他にかまふなかれ。学問と決死すべし

――南方熊楠

アメリカ放浪を終えてロンドンに渡った南方熊楠《みなかたくまぐす》は、明治二十八年（一八九五）四月二日、大英博物館で世界の地誌、旅行記、稀覯書《きこうしょ》の筆写に着手した。この時、南方二十九歳。毎日五時間から七時間閲覧室で没頭し、五年かかって五十二巻、一万ページを筆写した。

この筆写は南方にとって自らの学問を深める「大事」であり、まさに「決死すべし」

覚悟であった。

「大節約のこと。
　日夜一刻も勇気なくては成ぬものなり」

当時の日記には、自らを励ますこのような文句が書きつけられている。

和歌山に生まれた南方は十歳頃より三年かかって、日本の博物図鑑である『和漢三才図会』百五巻を筆写し、その神童ぶりが話題となった。しかし勉強は好きだが、学校は嫌いで学歴は中卒。大学予備門（東大の前身）は退学で、生涯、独力で学び研究した。八年のロンドン滞在中には孫文と親交し、大英博物館では二度もけんか騒ぎを起こし永久追放となり、貧乏のどん底生活をしながらも本を買い、標本を整理し、『ネイチャー』『ノーツ・エンド・クィアリーズ』に寄稿しつづけ、ミナカタの名声は高まっていった。

帰国してからは紀州田辺の住民として後半生を送り、粘菌《ねんきん》の研究に打ち込んだ。自然保護を訴え、庶民の信仰と地域の生活を守ろうとした神社合祀《ごうし》反対運動では、十八日間警察に拘禁されている。しかし南方の運動で田辺湾に浮ぶ神島《かしま》は史跡名勝天然記念物保護区域に指定され、やがて神社合祀政策も撤回された。

昭和四年（一九二九）、昭和天皇の南紀行幸では、神島の植物生態について進講した。この時、南方は粘菌百十点を十点ずつ十一個のキャラメルの空き箱に入れて進献した。

桐の箱による献上が普通であるが、天皇は驚くも、「それでいいではないか」と語られたという。

南方は神島に行幸の記念として自作の歌の歌碑を建てた。

一枝も心して吹け沖つ風わが天皇《すめらぎ》のめでてまし森そ

南方の没後、昭和三十七年（一九六二）、天皇が白浜に行幸された時、南方の進講の思い出を語られ歌を詠まれた。

雨にけふる神島を見て紀伊の国の生みし南方熊楠を想ふ

南方熊楠は柳田國男《やなぎたくにお》とともに、日本の民俗学の草創者、そして博物学の巨人とも評される。

南方は心と物が交わって生ずる「事」の学を究めようとしたデスクワークとフィールドワークの達人である。「日本の学者、口ばかり達者で足が動かぬを笑い、みずから突先して隠花植物を探索することに御座候て」といってサーカス団とともにフロリダ・

キューバをめぐり、「回々教国《ふいふいきょうこく》にては回々教僧となり、インドにては梵教徒《ぼんきょうと》となるつもりに候」、「何をするにも信の入るものにて、小生はそれぞれ信をいれてやる」と現地現場主義での勉学への意欲を示した。

南方の進取、独創性はまた、社会ダーウィニズムを「欧州を規矩《きく》」とした一面的な歴史観として否定し、エコロジーという言葉を用いて自然破壊に反対したことにある。

二十二ケ国を完全に理解していたという伝説や、古今東西の博物学の膨大な知識と著作。そして様々な植物と粘菌の標本。大酒や酒によるけんかと口論。いつでもけんか相手に反吐《へど》をはけるという離れ業。

自分の足と頭で学んだこの博覧強記の奇人が遺したものは、日本の自然と文化、日本人としての誇りである。

知識から見識へ、そして胆識《たんしき》へ

安岡正篤（三）

安岡教学の真髄である陽明学は行為の思想、実践の哲学である。安岡は実際の仕事に当たっては、知識から見識へ、そして胆識にまで高めなければならないという。実行本意の学問教養だ。

「知識」とは、学校の講義を聞いたり、参考書を読むだけで得ることができるものという。机上の理論であり、一次的で受動的な情報だ。

「見識」は、知識と似ているが、全く異なる。安岡は知識にもっと根本的なもの、もっと権威のあるものが加わったのが見識で、「事に当たってこれを解決しようという時に、こうしよう、こうでなければならぬという判断は、人格、体験、あるいはそこから得た悟りなどが内容となって出てきます。これが見識です」という。

見識だけではまだだめだ。反対意見や困難にあってもそれを乗り越え、断固貫き通し実行する力が必要だ。安岡はこの実践的勇気を「胆力」という。そしてこの胆力のある見識、「決断力、実行力を持った」見識を「胆識」という。

知識は素材である。見識は判断力と決断力といってよい。そして物事を成就させる胆力を伴った見識が胆識となる。

実践人にあっては、胆識までが求められるのである。胆識があってこそ、本物の人物といえるのだ。

ではどのようにすれば、知識を見識に高め、そして胆識にまですることができるのだろうか。

安岡は次のように語る。

「見識を胆識にまで、つまり胆力ある見識にまでするにはよほど理想というものが一貫不変でなければならぬ。いわゆる志気というものは本当の元気で、苟も客気というようなところのない、本当の志気になればなるほど、見識や胆識になってくる」

客気《かっき》即ち一時的で借りものの気ではない自ら得た志気を蓄え、一貫不変の理想を掲げ続けることによって、胆識を養うことができるのだ。社会的地位、財産を求めようというのでは無理である。

そして志気や理想を掲げ続ける一方で、先賢を学び人物を磨いていかなければならない。このようにして器ができれば、自ら胆識のある人物となろう。

知識から胆識へ、一歩ずつ高めていこう。

第六章

自己の確立

士《し》は独立自信を貴《とうと》ぶ。熱に依《よ》り炎に附《つ》くの念《ねん》起《おこ》すべからず

――佐藤一斎（二）

「熱に依り炎に附く」とは、時の権勢に依り附くことを意味する。佐藤一斎は繰り返し、自己の確立と自尊を説いている。

「我より前なる者は、千古万古にして、我より後なる者は、千世万世なり。たとえ我れ寿を保つこと百年なりとも、また一呼吸の間のみ。今、幸いに生まれて人たり。庶幾《こいねがわ》くは人たるを成して終らむ。斯《これ》のみ。本願ここに在り」

まさに「古今第一等の人物」ならんとした一斎の力強い宣言である。

幕府の学問を司った一斎が、幕藩体制の末期において、このように個人の独立自尊を詠《うた》ったのは、一方で近代化の先駆けと評され、注目されるところである。実際に門人から維新の志士を輩出している。

「士は当《まさ》に己れに在る者を恃《たの》むべし。動天驚地の極大の事業も、また都《す》べて一己より締造《ていぞう》す（つくり出す）」

個人の独立自尊は自らの主体性を説くものであるが、これはまた厳しい自己責任をも求めている。不運や災禍もまた自ら招くものである。天命と知りながら、その責を一身に負うものなのである。

人に頼らず、自分というものを確立して、そして周囲に働きかける。その結果、幸・不幸もまた自らの所産となる。失敗やたとえ非難や妨害にあっても、他人のせいにしたり、恨んだりしてはいけないという厳しい教えだ。

丸くとも一かどあれや人心
あまりまろきはころびやすきぞ

――坂本龍馬

坂本龍馬《さかもとりょうま》を慕うある同志が、龍馬に倣って朱鞘《しゅざや》の長い刀を腰にさすと、「無用の長物だ。そんな物はいざという時、役に立たない」と短刀を出して言った。同志が長刀を捨て、短刀に替えると、今度は、「これが西洋の武器だ。もはや刀の時代ではないぞ」とピストルを見せた。そこで、苦心してピストルを入手すると、「もはや武力の時代ではない。学問が大事だ」と『万国公法』を懐から取り出した。龍馬の有名なエピソードである。

「丸さ」とは、人当たりの良さとともに、柔軟で妥協を見いだせる現実性を表す。

龍馬は、勝海舟を暗殺しようと出かけた。ところが、「もはや力を振り回している時代ではない。海運貿易による興国《こうこく》だ」と地球儀を指して説かれると、その場で一転、勝に入門してしまった。

龍馬ははじめ西郷隆盛らと武力討幕を計画したが、途中から和戦両面に方針変更。遂に平和裡に徳川家自らの大政奉還を実現させてしまった。

また周囲の批難も顧みず、仇敵《きゅうてき》であった後藤象二郎《しょうじろう》と結び、倒産寸前の亀山社中に土佐藩を引き入れ、海援隊へと発展させることに成功した。

「一かど」とは、自らの信念にかたくなであること。何度も暗礁に乗り上げかけた薩長連合は、龍馬の執拗な周旋《しゅうせん》で締結された。

海軍と貿易によって、五大州を舞台に仕事をするという龍馬の志は、勝との神戸海軍操練所の開設から幾多の困難をきわめ、亀山社中、海援隊を経て、やがて東郷平八郎の日本海軍、岩崎弥太郎の三菱商事へと受け継がれていく。

志と計画と実行は、理想と現実の間にある。丸さと一かどは、状況への適合と素志《そし》貫徹《かんてつ》を可能にする。龍馬の生涯をかけた教えである。

「この無位無官の青年は、自分の海好きの志望を遂げるために国家まで改変してしまったといえる。竜馬の一代は、革命と海との忙しげな往復であった」(司馬遼太郎『竜馬がゆく』あとがきから)

龍馬は大志の実現にむけて爽快に生ききった。

千里の馬は必ずひづめで人をけり、かみついたりする欠点をもつ

——橋本左内

橋本《はしもと》左内《さない》は十五歳の時、『啓発録』という短い自戒の書を著した。「稚心《ちしん》を去る」「気を振う」「志を立てる」「勉学」「交友を択ぶ」という五カ条からなるものだ。とても十五歳とは思えないその内容と文章である。

この早熟の天才は福井藩の奥外科医に生まれ、緒方洪庵に蘭学と医学を学び、後に藩主松平《まつだいら》春嶽《しゅんがく》を補佐して、将軍継嗣《けいし》問題で、一橋派として活動した。その間、横井小楠、

梅田雲浜《うめだうんぴん》らの志士と交わり、ついに安政の大獄で斬首された。

婦人のごとき容貌にして寡黙であり、かつ合理的で雄弁なこの国士は、積極的な開国論を展開し、幕府体制の再確立を意図するも、尊攘激派といっしょくたに非命を遂げた。江戸伝馬町の獄では吉田松陰も縛されており、面会することはかなわなかったが、松陰を賛える漢詩を贈っている。松陰もまた左内と面識をもてなかったことを嘆いている。

左内は、「一日に千里も走る名馬は必ずひづめで人をけったり、かみついたりする欠点をもつように、勝手きままに自由な行動をする豪傑にもまた禍があり、必ずや世間を敵にしてしまうもの」といった。まさに左内の悲運の生涯である。

スマートな名馬は少ない。気性の激しさが千里の走破を可能にする。物事を革新しようとしたり、創造的な事をなそうとする時、周囲と旧習に対立することが多い。組織にあって栄進するにも、様々な人間関係で円滑に行かない場合もある。

大事にあたっては、堅固な意志を持たなければならない。同時に世間を相手にしてしまうものだということも、日頃から自ら納得していなければならない。

鋭くも鈍きもともに捨てがたし、錐《きり》と槌《つち》とに使いわけなば

――広瀬淡窓

広瀬淡窓《ひろせたんそう》は江戸末期の儒者で、病身の生涯ながら、豊後国（現在の大分県）日田に、私塾咸宜園《かんぎえん》を開き、五十余年にわたり、門弟約三千人を育成した。大村益次郎《おおむらますじろう》、高野《たかの》長英《ちょうえい》らが学んでいる。大教育者であるが、詩人としても名高い。

「鋭くも鈍きもともに捨てがたし、錐と槌とに使いわけなば」とは、淡窓の平等で、個性重視の教育方針を表す。

鋭いのも、鈍いのも、ともに良い。それぞれの生き方、活かされ方があるのだ。錐と槌とに、それぞれに役割・用途があるように。

淡窓のこの歌は、教育や人材登用の考え方を示すものであるが、自らを省みる時にも、貴重な教えとなる。自分は果たして錐《きり》なのか、槌《つち》なのか。役割や職分には、優劣はない。個性があるのみだ。

営業か、開発か、総務か、経理か…。営業でも大技で、たまに、大口を決めるのか。それとも、こつこつと、小口を積み上げていくのか。それぞれの個性とやり方で良いのだ。結果は、平等に評価される。ともに、自信をもって自分の仕事に取り組んでいきたい。

淡窓の、遠くの故郷を離れてやって来た塾生を励ました著名な漢詩がある。

道《い》うことを休《や》めよ他郷《たきょう》苦辛《くしん》多しと、
同袍友《どうほうとも》有り自ら相親しむ。
柴扉《さいひ》暁《あかつき》に出づれば霜雪《しもゆき》の如《ごと》し、
君は川流《せんりゅう》を汲《く》め我は薪《たきぎ》を拾はん。

「他郷はつらいなどと弱音をはくものではない。一枚の綿入れを共有する同志もでき、親友ともなろう。朝早く柴の扉を開けて外に出てみると、霜が一面に降りて、まるで雪のようだ。この寒さも何のこれしき、また楽しいことではないか。さあ、君は川の流れを汲んできたまえ、僕は薪を拾ってこよう」

同志はともに困難を乗り越えられる、身近な良き仲間である。

安禅《あんぜん》必ずしも山水《さんすい》を須《もち》いず、心頭滅却《めっきゃく》すれば火自《おのず》から涼し

―――― 快川国師

戦国末期の一五八二年四月三日、臨済宗の名刹である甲斐（現在の塩山市）の恵林寺《えりんじ》は、織田信長軍によって、火に包まれた。快川国師《かいせんこくし》は、坐禅をしたまま、火の中で壮絶な最期を遂げた。その際、唱えたのが七言絶句のこの一節で、原典は唐代の詩人杜荀《とじゅん》鶴《かく》による。

武田信玄は早くから、傑僧快川を敬い、快川もまた信玄、勝頼の父子二代にわたる知

遇に応えた。有名な武田軍旗「風林火山」の大文字を揮毫《きごう》したのも快川国師と伝えられる。

快川国師が炎の中で、門弟に最後に示したのが、

「心を安んじ坐禅を組むには、必ずしも山中の静かな場所である必要はない。心の惑いをなくすことができれば、火のような熱さもまた自然と涼しく感ずるものだ」

という教えである。

火に向かって熱さを回避するのではなく、心頭を滅却して、火の熱さ、熱いと思う心そのものを殺して、涼しさを見い出すのである。現実に、坐禅をしながら、火中に自然の涼しさを見るのは、容易ではない。厳しい修行によって鍛えられた精神力があってこそできることだ。

この一節は、周囲や環境に作用されず、また抵抗することなく、自らの心を律することによって、自然と思うところが得られるものだと教えている。心によって、暑い時には暑さを殺し、寒い時には寒さを殺してしまうのである。

火中での坐亡《ざぼう》という凄まじい最期に唱えられたこの教えは、周囲への不満を吐き、環境や条件に言い訳をしがちな凡人の姿勢を、厳しく質してくれるものだ。

モードではなく、私はスタイルを作りだしたのだ
――ココ・シャネル

ファッション史の革命家といえば、ココ・シャネルにほかならない。極貧の中で育ち、洋裁店のお針子になり、キャバレーで歌手のアルバイトをし、やがてファッション界に進出し独立。そして、十九世紀的なファッションを葬り去り、シャネル帝国と呼ばれる一大ブランドを築き上げた。アンドレ・マルローは二十世紀フランスで歴史に残る人物として、ピカソ、ド・ゴール（大統領）、シャネルの名をあげる。「皆殺しの天使」と呼ばれたシャネルが葬り去ったのは、女性の身体を絞り上げるコルセット、ずるずると裾《すそ》

を引きずるけばけばしい色彩のドレス、装飾過剰な大きな帽子、財力を見せつける宝石。

シャネルはモードではなく、スタイルを作りだした。一般的には、モードもスタイルも同じ意味で使われる。しかし、シャネルはモードを移り変わる流行ととらえ、モードは変わらなければならないという。「モードではなく、私はスタイルを作りだしたのだ」という有名なこの言葉は、モードとは異なる普遍的なもの、シャネルスタイルを確立したのだという自負を示している。さらには、解放され、自由に、自分自身の人生を歩むという、新しい時代の女性の生き方の表明でもある。シャネルスタイルとは、「シンプルで、気心地よく、無駄がない」という三つの原則。代表作は次の通り。

〈ジャージー素材の服〉（紋めつけられた女性の肉体、そして精神を解放した）

〈リトルブラックドレス〉（「黒はすべての色に勝る」、黒を「光の宝石箱のような影」といい、喪服の色でしかなかった黒を女性に着させた）

〈イミテーションジュエリー〉（宝石・お金で女性が美しく豊かであるわけではない）

〈ショルダーバッグ〉（シャネルは年中、持っていたバッグをなくしていた。このフラストレーションからキルティングバッグが生まれた）

〈香水〉（CHANEL No.5）などなど。

「誰も私に何ひとつ教えてくれなかった。私はすべてを自分ひとりで覚えた」、「かけがえのない人間であるためには、人と違っていなければならない」といったシャネルは普遍的な独自のスタイルを作りだした。

第七章　逆境に克つ

艱難《かんなん》はよく人の心を堅くする

――佐藤一斎（三）

『言志四録』が幕末の志士から今日まで人の心を魅きつけてやまないのは、人生の逆境において大いに勇気づけてくれる書だからである。西郷隆盛が西南戦争に携えたのが唯一、自ら編んだ『手抄《しゅしょう》言志録』であった。

一斎は、様々な艱難や屈辱、いわれのない誹謗中傷など、すべては天が自身の才を老熟させるところのものであり、人生の修行のために与えられたものである、いたずらに免れようとするのは不可能だという。

順境ではつい心がゆるみがちで、努力を怠ってしまいがちだ。

逆境は、自らを磨く願ってもない機会なのである。

孟子に、「天が大任を人に降ろさんとする時は、必ずまずその人の心志を苦しめ、その筋骨を疲れさせ、その体を飢えさせ、その行動を失敗ばかりさせ、その意図に反せしめる。これは天が、その人の心を発憤させ、性格を辛抱強くさせ、今までにできなかったことをできるようにするため与えた試練である」という有名な教えがある。

吉田松陰も萩の獄にあってこの箇所を読み、大いに一念奮起して読書学問に励んだ。

「順境《じゅんきょう》は春の如し、出遊《しゅつゆう》して花を観る。逆境は冬の如し、堅臥《けんが》して（横になって）雪を看る。春は固《も》と楽しむ可《べ》し。冬もまた悪《あ》しからず」

松下幸之助流にいうと、「好況良し、不況なお良し」ということであろう。

一斎は、逆境を恐れるな、自らを信じよと、温かく教え悟してくれている。

「一燈《いっとう》を提《さ》げて暗夜を行く。暗夜を憂《うれ》うることなかれ。ただ一燈を頼め」と。

士《し》は過《あやまち》なきを貴《とうと》しとせず、
過《あやまち》を改むるを貴しとなす
善《よ》く改むるは固《もと》より貴しとなすも、
善く過を償《つぐな》うもっとも貴しとなす

——佐久間象山

脱藩亡命の罪を問われた吉田松陰を励ました師、佐久間象山《さくましょうざん》の励ましの言葉であり、「国家多事の際、能《よ》くなし難きの事をなし、能く立て難きの功を立つるは、過を償うの大なるものなり」と結ぶ。

象山は、佐藤一斎に学んだ朱子学の大家であり、西洋砲術も修めた洋学者で、幕末の開国論者である。松陰が「当今の豪傑、都下一人…慷慨《こうがい》気節《きせつ》、学問あり、識見あり」「経術深粋なり、もっとも心を事務に留む」と評した学者、教育者であり、実践家であった。「東洋の道徳、西洋の芸術（今日でいえば科学技術）」を唱えたのはよく知られている。自信と自負の固まりで、容貌が異相《いそう》な上、常に厳然と構え、人を威圧した。

象山は砲術の他、信州松代藩の殖産興業に努め、鉱山の開発、水利、田地開墾、特産物の生産などを率先して奨励した。またいち早く種痘に試み、幕府で公式に実施される以前に、息子の格二郎《かくじろう》に接種している。そして当時では珍しい養豚に取り組み、ガラスをつくったり、日本最初の電信実験を行ったのも象山である。

同時に、周囲の無理解や批判、資金難、失敗など先駆者の悲哀をいやというほど味わっている。

大砲の実験をした時、最後に発射したものが爆発し、砲身が破裂し、多数のけが人が出た。これに対して象山は、「古語にも三度ひじを屈して名医になるというではないか。失敗は成功の基というから、諸大名方も日本のため、私に金をかけて下さってもよろしかろう。天下広しといえども私の他にはやり手もいますまい。度々失敗する中には、やがて名人になる折もありましょう」と応えた。失敗は成功の基である。失敗を重ねて成功にたどり着き、やがて名人となる。象山の豪傑ぶりを伝える逸話である。

松陰の下田踏海事件に連座して囚われた時も、象山は危険を顧みずに倣然と抗弁し、人材の海外派遣の自説を主張した。反感と怒りを顕《あらわ》にする幕吏に対して反省と恭順ではなく、なお持論の正しさを訴え、海防意見の実現を図ろうとしたのである。

蟄居《ちっきょ》を解かれて後、象山は京都で大胆にも西洋鞍をつけた馬を派手に乗り廻して開国論を説いて回った。天皇を彦根に移すという計画も立て、遂に尊攘派によって白昼馬上を襲われ、暗殺された。

失敗がないのが貴いのではない。失敗を改め、自らの職分でそれを償うことが貴いのである。

何度も壁にぶち当たりながらも、気概をもって志を全うしようとした象山は、不撓《ふとう》・不屈のチャレンジ精神を訴えている。たとえ大きな失敗をおかしても、今日、命をとられるということはない。

失敗をおそれるなかれ。

災難に遭う時節には、災難に遭うがよく候
死ぬる時節には、死ぬがよく候
これはこれ、災難を逃れる妙法にて候

――良寛

良寛《りょうかん》は愚鈍に見られ、その馬鹿正直さから、「名主の昼行灯」と陰口を叩かれた。そして自ら「大愚」と号した。

良寛は高僧国仙和尚に学び、師の没後、放浪の旅に出て厳しい孤独な修行に励んだ。円熟した晩年は郷里であばら屋同然の庵に住み、昼は詩や歌を詠み、書を認《したた》め、托鉢に出掛け、子供たちと遊んだ。夜は一人自己を省みた。

厳しい修行の末、無欲で高徳な、童心の名僧と慕われるようになったのである。

子供たちとかくれんぼをしていて、鬼の役となった時のことである。子供たちは良寛のことを忘れて家に帰ってしまった。良寛はまだ子供たちが自分を捜しているものと思い、「もういいかい？」と目隠しをして一人隠れていたという。

この里に　手まりつきつつ子供らと　遊ぶ春日は　暮れずともよし

良寛が子供たちと遊ぶ春の日永を思い起こさせる一句である。

良寛の甥の馬之助《うまのすけ》は放蕩息子で、その母が良寛に説教を頼んだ。良寛は説教はできなかった。ある日、馬之助が玄関でワラジの紐を結んでいた。その襟元に冷たいものを感じたが、はっと振り向くと、良寛が馬之助を見つめて涙を落としていたのである。馬之助はこの時から、改心した。良寛の無言の真心に悟されたのである。

「良寛禅師戒語」という短い言葉の教えがある。
一、ことばの多き
一、口のはやき

一、手がら話
一、人のもの言いきらぬ中に物言う
一、能く心得ぬ事を人に教うる
一、自まん話
一、たやすく約束する
一、へつらう事
一、あなどる事
一、推し量りの事を真事になして言う
一、人に物くれぬ先に何々やろうと言う

…九十か条にもわたる簡潔で、身にしみいる心がけである。

「死ぬる時節には死ぬがよく候」とは、新潟地方で大地震があり、多くの人が亡くなった時、親戚知人にあてた見舞いの手紙である。

冷たく突き放したものではない。生きることに徹すると同時に、死とは避けられぬ宿命と受け入れること。悲しみや不安に抵抗することなく、これにひたりきることが、実は克服し、乗り越える妙法と教えてくれているのである。

受け入れ、突き抜ける。その先に、また新たな展望が開かれるというのだ。

心配するな、何とかなる

――――一休宗純

一休宗純《いっきゅうそうじゅん》は頓智《とんち》で知られる室町前期の臨済宗の禅僧である。後小松天皇の落胤《らくいん》という説もあるが六歳で出家し、大徳寺の大燈《だいとう》国師を継いだ華叟《かそう》和尚に学んだ。名利を求めず、大徳寺で出世しなかった華叟和尚にならって、一休もまた名利を求めず、小さな寺で一禅僧として慎ましく生きた。

一休がその生涯を閉じようとした時、弟子達に遺言を残した。自分の死後、この寺に大事が起こってどうにもならなくなった時に、この書を開けと言って。

後年、寺の経営でにっちもさっちも行かなくなった。弟子達は遂に開封した。

「心配するな、何とかなる」

これが、答えであった。重々しく託された教えがこの一言である。

一休はまた詩人であった。詩集「狂雲集」は、一休が頓智が得意であったということよりも題名通り、「狂」の精神の持ち主であったことを伝えている。性の欲望、盲目の森女との交わりは事実のようだ。

「沙門《しゃもん》　何事ぞ邪淫《じゃいん》を行《ぎょう》ず、血気　識情　人我深し

淫犯《いんぱん》もし能《よ》く情識を折らば、乾坤《けんこん》　忽《たちま》ち変じて黄金とならん」

僧たるものが、どうして淫行を振舞うのか。それは血気盛んで、欲望が深いからだ。性の行為がもしこの煩悩を克服できたら、天地はたちまち黄金となろう。

性の煩悩は、性行為によってしか解決されないと一刀する。一休が名僧と評される所以であろうか。

こんなことも言っている。

「人生は穴から穴への一里塚。愉しくもあり、愉しくもなし」

ともあれ、「心配するな、何とかなる」だ。

男をつくる闘病生活、投獄生活、浪人生活

――松永安左エ門

「電力の鬼」松永安左エ門《まつながやすざえもん》は、昭和四十六年（一九七一）、九十七歳で長逝した。私利を図らず、国造りに闘った、生涯現役の実業家であった。

松永は人生は学歴ではないと、二十四歳の時、慶應義塾を中退した。「わが人生は闘争なり」と書き残して、ビジネスの世界に飛び込んだのである。

ところが、三十三歳の時、株式相場で失敗して無一文となる。その後、心機一転、電力事業に邁進する。いくつもの挫折を経て、いつしか、電力の王として、君臨するよう

になったのである。しかし、戦前の電力国家管理に反対し、時の権力にホサれるも、なお、電力中央研究所理事長として、七十九歳にして現役を勤めたのだ。

晩年は、茶と読書に暮れた。そして、鈴木《すずき》大拙《だいせつ》の話から、ロンドンのチャタムハウス（王立国際問題研究所）に歴史家A・J・トインビーを訪ね、私財をはたいて、大著『歴史の研究』全巻の翻訳出版権を得た。第一巻刊行は昭和四十一年（一九六六）、九十二歳の時。死の二カ月前まで、この『歴史の研究』の刊行に情熱を注いだ。

松永は自らの目的と志のため、一途に生き、闘った。極端な山あり谷ありの波瀾万丈の人生であった。

松永は、闘病、投獄、浪人を経てこそ、男が磨かれるという。投獄は希なケースかもしれないが、肝心な時の病気、左遷や失業ということは、誰の身にもふりかかる。不遇に流され、負けたら終わりだ。そこを乗り越えてこそ、さらにたくましくなった男に成長するのである。七転び八起きとは、また、このことだ。倒産・投獄・闘病という人もいる。

松永は健康と長寿について、「要は無頓着にあり。無関心であり、超越である」と答えている。

電力の鬼は叙勲を辞退し、その遺志で、葬儀は一切なく、法号もなく、静かに世を去った。長寿にして、生涯現役で闘い、公に尽くした男の生き様の理想である。

逆境には、天命にまかせるか、自分の悪い点を改める

――――渋沢栄一（二）

渋沢栄一は逆境というものの多くは、その人の努力や知恵が足りないところから招くという。知恵があり、思慮深く、適切に対応すれば、自然と順境に立つ。順境とか逆境とかは、既にこの世にあるのではなく、人の賢愚や才無能によってつくり出されるというのである。すべて人の心がけによる。

大切なのは、逆境の原因や理由を突き止め、どう対処するかということだ。

ところが、自分に原因がなくとも、社会の風潮や周囲の事情によって、自然と逆境に立たざるを得ない場面もある。人力の及ばない天命、と覚悟しなければならない。

渋沢自身、一橋慶喜《ひとつばしよしのぶ》に仕え幕臣となり、フランスから帰国すると、幕府は倒れ、王政復古の新政府となっていた。この社会の大きな変化はいかんともしがたい。まさに自然の逆境だ。

自然の逆境に対処する法――

自己の運命と覚悟する。天命であると腹をくくって、心を平静に保ち、きたるべき運命を待つのである。いたずらにじたばたすると、かえって疲れて、骨折り損のくたびれ儲け。あせってはならない。再起は難しくなる。

人為的な逆境に対処する法――

反省して、悪い点を改め直す。これしかない。

渋沢は、さらに、人は得意の時に失敗しやすいものと戒める。得意の時には、調子に乗らない。失意の時には、落胆しない。ともに平常心で、「小事」に気をつけろという。

小事が大事に、大事が小事となることもある。見極めと、冷静な対応が大切だ。

大事に対しては、まず可能かどうかを考えなければならない。渋沢は、事の是非得失、道理非道理を、右から左からも、そして後のことも深く考えて決断せよという。

そして、水戸光圀《みとみつくに》の「小なる事は分別せよ、大なることに驚くべからず」を名言として、大事小事、ともに同じ思慮分別をもって、臨めという。

順逆の原因の判断とその対処。失敗をさけるための、大事と小事の分別と、とりわけ小事への慎重な工夫。渋沢栄一の順逆と得意失意の生涯を参考にしたい。

風車、風の吹くまで昼寝かな

——広田弘毅

広田弘毅《ひろたこうき》は東京裁判で、文官として唯一絞首刑の判決を受け、従容として死についた元外相、首相である。

広田は明治十一年(一八七八)、福岡の石屋の長男に生まれ、一高、東大を卒業して外交官となった。中国、英国、米国などの勤務、そして欧米局長を経て駐オランダ公使に赴いた。この時、広田のライバル佐分利貞男《さぶりさだお》は幣原《しではら》外相の引き立てで駐支公使に栄転。同期の吉田茂《しげる》は奉天総領事として活躍していた。ヨーロッパのはずれの小国オランダの公使とは閑職であり、いわば左遷といってよかった。外交官としての終着駅である。

広田はこのオランダ行きに一句を詠んだ。

風車《かざぐるま》、風の吹くまで昼寝かな

広田はその優れた見識と人柄にもかかわらず、立身出世主義や華やかな外交官生活とは無縁であった。自らは計らず、「物来順応《ぶつらいじゅんのう》」を信条としていた。ただ、外交官も国士たるべしと胸に秘めていた。

次の駐ソ大使時代に満州事変。やがて上海事変、満州国建国宣言、五・一五事件、国際連盟脱退と、日本は戦争への足音を騒がしくたてていった。この難しい外交の局面にあって、広田は計らずも、外相の重責を担わされた。協和外交を持論とし、昭和十年（一九三五）一月の国会答弁では「私の在任中に戦争は断じてないことを確信している」と強い信念を表明している。

二期の外相の実績を認められた広田は二・二六事件後の極めて厳しい内外情勢にあって首相となり、更に第一次近衛《このえ》内閣でも外相を務めた。近衛内閣時代には、盧溝橋《ろこうきょう》で日中両軍が衝突し、広田は現地解決、即時停戦を主張するも、日本は戦争の泥沼へとのめり込んで行く。

広田の相手は統帥権《とうすいけん》独立を口実に暴走する軍部であった。

しかし東京裁判では、「弁護士は要らない」「戦争について自分には責任がある。無罪とはいえぬ」と語ったほど、終始、自己弁護をしなかった。

そして、「今更何もいうことは事実ない、自然に生きて、自然に死ぬ」とその生を締めくくった。

広田は妻子を深く愛していた。妻静子《しづこ》は広田も出入りしていた玄洋社の幹部月成功太郎《つきなりこうたろう》の娘であった。静子は少しでも広田のためにできることとして、裁判中に自害した。広田が獄中から家族に送る手紙は、静子亡き後も最後の一通まで静子宛であった。

計らずも外相、首相についた広田は戦争防止に信念をもって努力した。軍人はその一つ一つに水をさし、広田を攻撃したが、広田はその軍人とともに処刑される運命を受け入れたのだ。

広田の生涯と東京裁判を克明にたどった『落日燃ゆ』は、城山三郎の代表作である。

第八章

仕事の工夫

やってみせ、言ってきかせて、させてみて、ほめてやらねば人は動かじ

——山本五十六

連合艦隊司令長官山本五十六《やまもといそろく》は、「悲劇の名将」と語り継がれる。

駐米日本大使館付海軍武官として、アメリカの工業力、軍事力を直に見て、日本との国力の圧倒的な違いを痛感していた山本は、避戦論の代表であった。山本は負け戦と知

りながら、海軍の総指揮者として、前線に立たなければならなかったのである。

近衛首相に、日米戦争になった場合の見込みを聞かれ、こう答えている。

「それは、ぜひやれといわれれば、はじめ半年や一年の間は、ずいぶん暴れてごらんに入れる。しかし、二年、三年となれば、まったく確信は持てぬ。三国条約のできたのは致し方ないが、こうなった上は、日米戦争を回避するよう、極力ご努力願いたい」

山本は砲術が専門であったが、これからの国防の主力は航空機と、当時傍流であった航空畑に移り、従来の戦艦を主力とする大艦巨砲主義に反対した。「海軍航空の父」と呼ばれる。

開戦にあたっての方針は、その真先に、敵の主力艦隊を撃破して、これを第二戦、第三戦と続け、米国海軍及び国民の志気を阻喪《そそう》して早期に講話に持ち込むことにあった。海軍伝統の迎撃漸減《ぜんげん》作戦をジリ貧策として根本から否定したのである。軍令部の反対に抗して実施した、全力である空母六隻を以ての「真珠湾攻撃」の狙いはそこにあった。

戦力の隔たりに対しては、航空戦主導の奇手の連続で埋めるしか方法がなかった。世界初の新戦法である。

「艦隊担当者としてはとうてい尋常一様の作戦にては見込み立たず、結局、桶狭間《おけはざま》と鵯越《ひよどりごえ》と川中島とをあわせ行なうのやむを得ざる羽目に追い込まれる次第に御座候」と、その決意と悲痛な思いを吐露している。

山本は寡黙で、意志と決断力の人であるが、その人間的魅力は、情にもろく、世話やきで、その優れた統率力にある。人使いの名手であったということは、それだけ人に好かれ、人気があったということだ。それでなければ、十万人の将兵を率いる司令長官は務まらない。

空母赤城の艦長であった時のエピソードである。

風がつよく、艦尾が上下にゆれる中、何度目かに先頭の一機が甲板の中央付近に着陸したが、そのまま艦首から海中に転落しそうになった。

艦長山本は、飛行機めがけてふっ飛んでいき、主翼に飛びついた。飛行機はずるずると山本をひきずっていく。それを見た山口《やまぐち》多聞《たもん》中佐はじめ下仕官、兵隊が続いて飛行機に飛びつき、後わずかというきわどいところで、やっと機は止まった。

山本のこの捨て身の行為に、全搭乗員、全乗組員がすっかり感動したのはいうまでもない。

山本は戦場で赴く艦艇があれば、いつも礼服で旗艦の甲板から右手で帽子を高く大きく振って見送った。ラバウルで、敵機の攻撃を受けている第一線から、飛行機が出撃するたびにも同様であった。

また、よく病院船や海軍病院を見舞い、一人ひとりに、「ご苦労さま。早くよくなってくれよ。また海上で会おうよ」と声をかけ、病室を出るときには必ず帽子をとって、「お大事に」とあいさつした。

情がなければ、人に好かれず、そして人を使うことはできない。テクニックではない。心がなければ見破られる。一人でも職場に後輩が入った時、部下がついた時、山本の人柄を思い出したい。

昭和十八年（一九四三）四月十八日、周囲の反対を押し切って、山本は前線の慰撫《いぶ》と視察にラバウルを飛び立った。途中、ブーゲンビル島上空で、米軍機に撃墜され、壮烈な戦死を遂げた。

文章は簡単ならざるべからず
最《もっとも》簡単なる文章が最面白き者なり

――――――正岡子規

正岡子規《まさおかしき》は革命家である。日本の最も伝統的な文学である短歌の領域において。子規はまさにその伝統的権威である『古今集』を「くだらぬ集」と評し、その撰者であり代表的歌人である紀貫之《きのつらゆき》を「下手な歌よみ」と言い切る。歌聖と称される藤原定家《ふじわらのさだいえ》も否定し、『新古今集』にもろくな歌がないと罵倒する。

子規の革命とは、写生に基づく俳句と短歌の革新運動であり、言葉も「古語」である必要はなく、現代語や漢語、外来語でさえよいと主張した。

俳誌『ホトトギス』を指導し、卓抜な随筆も数多く残し、血を吐きながらの革命は成功し、門人に高浜虚子《たかはまきょし》、河東碧梧桐《かわひがしへきごとう》、伊藤左千夫《いとうさちお》らを輩出した。

『坂の上の雲』は秋山兄弟と子規との関わりを、日清・日露戦争という近代国家の生みの苦しみの過程と平行させて描いたものでもある。

人は様々な場面、様々な目的・用途で、文章を書く。報告や連絡、自己表現など、一句、一行、手紙やレポート等々。文章は簡単でなければならないというのが、子規の主張である。ポイントは要旨を簡潔に、ストレートに書くということだ。つまらぬ、下手な修飾や、回りくどい表現では相手には伝わらない。簡単にとは、難しくもあれば、かえって容易でもある。素直になれば、できることである。

子規は別にこんなことも言っている。

「世間恐るべきは猛獣毒蛇にあらず　壮士暴客《そうしぼうかく》にあらず　ただ勉強家と沈黙家と謙遜家とのみ」

因みに、子規自作の墓誌は次のようなものである。

「正岡常規《つねのり》又ノ名ハ処之助《ところのすけ》又ノ名ハ升《のぼる》又ノ名ハ子規又ノ名ハ獺祭《だっさい》書屋主人又ノ名ハ竹《たけ》ノ里人《さとびと》伊予松山ニ生レ東京根岸ニ住ス父隼《はやた》松山藩御馬廻加番タリ卒ス母大原氏ニ養ハ

ル日本新聞社員タリ明治三十□年□月□日歿ス享年三十□月給四十円」

自分の名、生まれと育ちの土地、父の藩名と役職、母に養われたこと、勤め先と月給の金額を書いた、写生文の極致である。

文章と文字は人柄を表す。一気に、達筆の名文章家を目指すのではなく、まずはわかりやすく正確な文章をていねいな文字で伝えることを心がけたい。

用途に沿ったきまりを守って、読む人の立場にも立って、子規にならって簡単を心がけ、主語や述語、てにをはに注意して文章力をつけていこう。

総じて、人は分相応の楽しみなければ、
また精も出し難し
これによって、楽しみもすべし、
精も出すべし

――恩田木工

恩田木工《おんだもく》は、信州松代真田藩の末席家老であった。宝暦五年（一七五五）、若冠十三歳の藩主真田幸弘は四十歳にみたぬ年齢も地位も低いが、人望、見識ともに備えた恩田木工を起用して、藩政改革を委ねたのである。

当時松代藩は幕府の土木事業や川中島の治水工事などで財政は破綻し、藩政の腐敗堕落によって、人心も乱れていた。

木工は自らを厳しく律し、改革を断行し、計画の五年を待たず領民謳歌《りょうみんおうか》の内に、成功を遂げたのである。その事跡は『日暮硯《ひぐらしすずり》』に伝えられている。

木工の改革は藩の役人と領民にとっては極めて厳しいものであったが、支持をとりつけ、またやる気を出させるため、決して「楽しみ」を奪わなかったことが、成功の要因であった。

自らを厳しくするのはかまわないが、それを人に強いる時は、要注意である。厳しさの中にも、余裕や楽しみがなければならない。一方的な叱咤激励では、周囲の同意は得られず、かえって反発も呼び、双方、疲れてしまう。

木工は、極端な質素・倹約を徹底し、藩政を厳格にする一方、余暇には詩歌、浄瑠璃《じょうるり》、三味線などを奨励した。営利を目的としない、慰み程度なら、博打も許した。

ひと息入れることも、大切だ。

「楽しみもすべし、精も出すべし」

難事に限らず、自身にとっても、周囲に対しても、温かい思いやりである。

労働は美徳、遊びも美徳

――本田宗一郎（二）

「人生を楽しませてくれてありがとう」――町工場から世界のホンダを創り上げた本田宗一郎の最後の言葉であった。

本田は「夢みる夢夫」を自称する。機械いじりが好きで、自動車のオイルのにおいに心踊らせた少年は、自動車修理工場の丁稚小僧となり、やがて独立。自転車に軍が使っていた小型エンジンや湯タンポのオイルタンクを取り付けたモーターバイクがヒットし、通産省とケンカをしての四輪車への進出。まさに起業家の生涯であった。

本田の魅力は、経営者としてのものよりも、むしろ技術者、そして数々の武勇伝を残した無謀で粋な自由人としてのそれにある。自動車レースに夢中になり、事故で大怪我もする。従業員をげんこつで殴ったり、スパナを投げつけたりもした。芸者を連れた花見の帰り、酔っ払い運転をして車ごと天竜川に飛び込んだり、芸者を料亭の二階から放り出したというのは有名な話である。

本田は花柳界で豪快によく遊んだ。それは決して無駄ではなかったという。人の気持ちの裏街道、人情の機微を知ることができた。他人に迷惑をかけたり、人の金で遊ぶのはよくないが、若いうちのこういう経験もよいものだと語る。

また、夜の街では気持ちよく遊んで、「ここ」という時に切り上げる。そんなきれいな遊び方をする奴が一番モテる。もう少しいればモテるんじゃないかと助平心を出してダラダラと粘るのは逆効果だ、とアドバイスする。

周囲にさえ迷惑をかけなければ、思ったように生きていく。仕事と遊びを楽しんだ本田の説く人間本来のあり方である。本田は起業家精神、技術者魂とともに遊びの極意、モテるコツを教えてくれた。

独創的な仕事は執念の産物

――土光敏夫

土光敏夫《どこうとしお》は石川島播磨重工業社長・会長から、東芝の再建を果たし、経団連会長、第二臨調の会長を務めた。モーレッツ社員の元祖と呼ばれる。

その土光も学生時代、中学校・高等工業学校の受験には、度々失敗し、挫折を体験している。

しかし、土光は後年、「失敗は一つの道ゆき、経験だ。失敗は終わりではない。失敗はあきらめたときに失敗となる」と語っている。積極的精神によって、失敗を克服して、自らの貴重な経験としてしまうのである。

タービンに関心を持っていた土光は、石川島に就職し、設計課に配属された。そして、陸上タービン開発のため、朝四時に起きてドイツ語の文献と格闘し、夕方帰宅後は夜十一時までさらに独学した。製造現場にも足を運んだ。スイス留学を経て、遂に、純国産タービンを開発した。「タービンの土光」と呼ばれるようになったのである。

国産タービンは、土光の睡眠時間を惜しんだ猛勉強の賜物であるが、土光は、各人の評価、仕事の成功は、夜の時間、会社が終わってからの私生活の使い方によるという。会社で一所懸命に働くのは当たり前である。土光ほどでもないにしろ、その余の時間を休息や遊びだけではなく、わずかでも自己向上に費やすことで、いつしか差がついてくる。ワーク・ライフ・バランスが問われる昨今、異を唱えられる働き方かもしれないが、土光はこのようにハード・ワーカーであった。

土光はさらに、物事を成し遂げるには、「執念」が要るという。

「仕事には困難や失敗はつきものだ。困難に敢然と挑戦し、失敗に屈せず、再起されるものが執念である。やるべきことが決まったならば、執念をもってとことんまで押し進めよ」

「できないのは能力の限界だからではなく、執念が欠如しているからだ」

能力は一つの要因にすぎない。熱意や持続力といった執念が、独創的な仕事を可能にするのだ。

困難な仕事を一つ一つ、成し遂げていった土光の実感であり、哲学である。

土光の経歴は、モーレツ社員の出世物語のように映るが、自らは決して栄達は望まず、結果として、時に請われて、要職に就いたのである。石川島・東芝社長の時代は、通勤はバスであった。給料のほとんどは母登美が開校した橘学苑へ寄付し、老妻と二人暮らしの慎ましい私生活であった。

財界総理とも呼ばれる経団連会長を務め、「財界の荒法師」と評された土光の、私欲のない実生活である。

第二臨調会長になり、行政改革に尽力したのは、昭和五十八年（一九八三）。八十七歳の年である。九十一歳で天寿を全うした。

公に生きた、「執念」のサラリーマン生涯であった。

技術に感性を結びつけると、大きな飛躍ができる

井深大

ソニーの創業者である井深大《いぶかまさる》は、レオナルド・ダ・ビンチを例に、技術と感性が結びついた時に、大きな飛躍が生まれるという。

ダ・ビンチは、科学者であり、空想家であり、画家・彫刻家という芸術家であった。井深は小さい頃から機械いじりが大好きだった。根っからの技術者である。中学生の頃、独学で無線電信機を作った。早稲田大学時代は、明治神宮外苑競技場の拡声装置を作ったり、音声の強弱に合わせて光の強さをコントロールする、いわば光通信を研究し、

一躍学生発明家として、有名になった。

一方、井深は読書好きで、一時は作家を志した。また音楽も大好きだった。トランジスタラジオやテープレコーダーは、井深の技術と感性によって、生まれたのである。

ソニー経営の一線を退いてから、井深は教育問題、特に幼児教育に取り組んでいる。幼児開発協会を設立し、自ら『幼稚園では遅すぎる』を著した。その理念は、心と感情を育て、右脳を発達させることにある。

左脳が言語や理解を司るのに対して、創造力や直感力、芸術や感性は、右脳によるといわれている。

井深は、「心が発達すれば、人は他人の考えを理解し、また自分の考えを相手に適切に伝えられるようになる。よいコミュニケーションができる人間こそ、頭の良い人間といえる。知的教育は、こうした土台の上にこそなされる。まず土台づくりをせよ」という。

井深はまた、好奇心や冒険心の大切さも説く。これらも幼少時の体験によって、得られるものだというが、私達も、たとえ直接、仕事に関わらないものであっても、何か新しい、おもしろいものはないかと、常に心をワクワクとさせていたい。

「技術に感性を結びつけると、大きな飛躍ができる」というのは、井深の幼児教育論、右脳開発論につながる。

技術、そして仕事において、一つの枠の中から飛び出すには、知識や理屈ではなく、感性や心がポイントのようだ。井深が開発したソニーの独創的な製品が物語っている。

既存の技術を使って、まったく新しい製品を考え出す知恵

――盛田昭夫

盛田昭夫《もりたあきお》は、井深大とともにソニーを創業し、ソニーを世界のトップブランドに育て上げた。名古屋の名門造り酒屋に生まれた盛田は、当時としては珍しい欧米の電気製品に囲まれて育ち、やがて電子工学や機械に興味を持つようになった。大阪帝大理学部に進み、やがて横須賀の海軍航空技術廠《ぎじゅつしょう》に勤め、ここで井深大と運命的な出会いとなる。名門酒屋の跡継ぎから、技術者への人生の転機である。

盛田は昭和二十八年(一九五三)、初めてアメリカ、ヨーロッパを旅行した。ニューヨークでトランジスタの特許使用の契約を結び、ヨーロッパで見聞を広めるためだった。帰国後、しばらくして、「ＳＯＮＹ」という商標を考案し、社名を「東京通信工業」から、「ソニー」へと変更した。

盛田は日本を代表する経営者、国際人であり、ソニーは世界でもっとも知られる「日本」である。

盛田には、昭和四十一年（一九六六）に著した『学歴無用論』をはじめ、自らの独創的な発想に基づいた先駆的な経営、社会、国際関係へのさまざまな提言がある。

「今、産業用技術と思われるものも、十年先には民生用製品に使われる」

「朝令暮改は一種の進歩だ。自分の正しいと思うことはどんどんやる。たとえ失敗しても、必ずそこから学べるはずだ。但し、同じ過ちは二度と繰り返してはならない」

「欲と好奇心のない人間には、用がない」

「商売では、自分に有利なように相手を納得させることが必要」

「知恵とスピードを生かせ」

「会社は遊園地ではない」

「適材適所というのは、自分ひとりひとりで責任をもって考えよ」…などなど。

これら多くの教訓の中で、技術開発や仕事の工夫で、はっとさせられるのが、「既存の技術でまったく新しい製品を考え出す」というものである。

盛田はウォークマンの例を挙げる。井深大はある日、芝浦工場で、若い社員が自分用に再生専用のカセットプレーヤーを作り、ヘッドホンで音楽を聞いているのを目にした。井深は早速、盛田にその話をした。小型ヘッドホンは盛田が以前より温めてきたアイデアであり、製品化を考えた。しかし、技術スタッフ、販売部門、ソニー・アメリカも、録音機能のないカセットプレーヤーは売れないと反対した。

盛田は、製品の将来性を確信していたので、失敗すれば会長職も辞するとまでいって、製作、販売にふみきった。結果は大成功である。

ウォークマンは、何も新しい発見、発明によるものではない。既存の技術の組み合わせ、ちょっとした工夫によって、まったく新しい製品が生まれたのである。

新しい発明や、技術開発に固執していると、かえって、目の前の可能性に目を閉ざされてしまう。

新規なものを求めるチャレンジ精神ももちろん良い。しかし、案外、おろそかにしている、そして当たり前と思っている既存の技術や、手法の組み合わせに、大きな可能性が秘められている。既存のものへの新たな発想も大切だ。

戦略と戦術を分離する

――城野宏（二）

戦略、戦術とは、本来、軍事用語である。どう方向を判断し、どう実行するか、その攻撃の方向を決定するのが戦略であり、それを具体的に実行するやり方が戦術である。

毛沢東軍と闘い、長く厳しい獄中生活で自らを磨き、限られた状況下で中国や日本の情勢の把握に努めた城野宏は、戦略論、戦術論で政治、経済、歴史や農業、さらには家庭生活まで分析し、指導した。

戦略、戦術は何も軍事や企業経営のみに用いられるものではない。大上段で説く理論ではなく、一つ一つの仕事や社会生活にこそ活かされるものだ。

城野はまず戦略は大胆で、簡単・明瞭でなければならないという。誰にでもわかり、行動できるものでなければならない。

戦略を決定するには、材料集め、情報の収集が必要だ。戦略とは、これらに拠った、一種のカケだともいう。

戦術は、細かい計算と事実の積み重ねで成り立つという。戦術は細心に、だ。細心な計画を立て、細かに実行していけば目標は達せられる。決して戦術を大胆にやってはならない。戦術を計算せずに、大胆な戦略を実行しようとする者を無謀ともいう。

同時にまた、戦術の予測は外れるもの、偶然性に支配されるものとも指摘する。軌道修正する力を持つこと、代案を立てることが求められる。

そして、戦略のない戦術は無意味であり、戦術のない戦略は単なる空想と戒める。戦略と戦術を分離・区別することが肝心だ。それぞれの意味を正確に理解し、明確に分離して事に当たれば、成功の度合いが増すというものだ。

戦術の実行レベルでは、人間社会の中でのことなので、相手がどう動くかという心をつかむことが必要で、こちらにひきつけなければならない。そのためには、何を好み、何を嫌がるか、人心の普遍性を考えなければならない。

さらには、戦略にも、戦術にも、確定的な事実という、情報の収集と判断が前提となる。独善的な判断や、むやみやたらな情報収集では成功しない。

城野はこれら戦略、戦術論を三国志の諸葛孔明や豊臣秀吉の例を挙げて説明している。城野は最後に、戦略がなければ情報は集まらないが、人の話をよく聞いて頭の低い人にのみ、情報は入るものだという。

戦略、戦術論も結局は、人心の把握、人をひきつけること、謙虚に人の話をよく聞くことという。人間の基本的な在り方に拠るようだ。

ものを頼むには、頼むときの環境状況と切り出すときの雰囲気を十二分に活用することが肝要だ

――後藤清一

後藤清一《ごとうせいいち》は、大正十年（一九二一）、満十七才で松下電器（現パナソニックホールディングス）へ入社した。小学校中退後、職工、住み込みのぼんさん、新聞売り、出前持ち、大阪市役所の給仕など、職を転々とした後の、日給の職工としての入社だった。松下電器は当時、五十名程の創業期で、以来二十余年、松下幸之助に司え、同社の発展に寄与

した。

敗戦を機に、松下を支え、実力専務として同社を率いてきた松下の義弟井植歳男《いうえとしお》が、独立し、三洋電機を旗揚げすることとなった。後藤は井植に乞われ、創業の七人の侍に加わった。井植の独立、後藤の参加には、松下の温かい理解と支援があった。後藤はこれより製造部門の一線に立って同社を盛り立て、代表取締役副社長、相談役まで勤めた。

後藤は、「神経質で几帳面、そして病弱」であった松下幸之助、「豪放無類、磊落《らいらく》一途で巨漢」であった井植歳男という二大経営者の薫陶を受け、「俺は天下の果報者」という。

後藤は、負けん気が強く、相手かまわず直情径行で、人との折合いが悪かった。製造という仕事への熱心さからではあったが、先輩や同僚、部下と度々衝突した。

日給の職工から店員（正社員）へと破格に抜擢され、また、若くして工場長となる。しかし、二度も従業員に総スカンを食らい、配置転換。昭和十年（一九三五）、松下電器製造所が松下電器産業株式会社に改組され、九分社ができるも、後藤ともう一人だけが全幹部の中で重役になれず、同輩や後輩に追い抜かれ、口惜しさ、無念、屈辱を心底味わった。

物づくりにまして、「人間関係のむつかしさ」が後藤の課題であった。

後藤は松下と井植に叱られ、部下を叱って成長し、また一大経営者となった。

松下からは、「人を使うにも、相手が納得し協力するように、急がば回れで行けばよい」「泥田を歩くより、畦道《あぜみち》を通って回り道しろ」と諭された。

また、「人は叱りっ放しではいけない。あとで本人は反省しているか、どういう態度か、誤解されてはいないか、必ず確かめること。叱ることで相手に奮起を促す」ものとも教えられた。

欠点だけをたしなめるのではなく、美点を強調し、本人に自覚させるのは、井植も同じであった。

後藤は松下、井植によって、自らの人間観、経営観を培っていった。

「人間は信頼しなさい。しかしその人の行動まで信頼しきってはいけない」

「美しい夢を見るためには、醜い妄想をなくすことである。正しい人間関係をきずくためには、正しくない人間関係を断つことではあるまいか」

「時間厳守」

「仕事のうえで辛抱することは不忠実であり、不誠実であり、意見を述べることは会社の繁栄に寄与することだ。不平、不満、大歓迎や」……

後藤には、『叱り叱られの記』という松下、井植に直に叱られ、二大企業の発展に尽くしたその裏話をつづった好著がある。

「ものを頼むには…」は、後藤が重役会で井植社長に銀婚旅行の承諾を得た時の教訓である。

ゼロからの発想

——松下幸之助（三）

横浜の松下通信工業はカーラジオをトヨタ自動車に納めていた。昭和三十六年（一九六一）頃の新製品開発のエピソードである。

トヨタは貿易の自由化によって、もっと値段を下げなければ海外の自動車と対抗できないという。

そして即刻カーラジオの値段を五％下げて、向こう半年間でさらに一五％下げ、合計二〇％下げてくれとの申し入れがなされたのだ。

それまでコスト削減に徹底的に取り組んできた事業部は、とうてい実現できないものと困り果てた。しかも三%しか利益がなかったのである。そこに二〇%も値引きをすれば、とんでもない赤字となってしまう。

その検討会議にたまたま居合わせた松下幸之助は、そもそも三%しか利益をあげていない現状を厳しく叱った後、トヨタの値引き要求はかなり厳しいものと認めながらも、ここにある製品はないものと思って、まったく新しいカーラジオを一からつくるという発想でやってみようと提案したのだった。

その結果、一年後には二〇%安くして、なお一〇%の利益があるカーラジオが完成した。

既存の考え方や技術の組み合わせで、新しいサービスや製品は開発され得る。しかし、抜本的な改革が迫られた時には、日々の積み重ねやこれまでの延長線上の取り組みではなく、全てを否定して後のゼロからの発想が大切だ。電卓のオールクリアを押す勇気が求められるのである。

松下は次のようにも言う。

「できない、できないと思っていたものが、コロンブスの卵のように、考え方を変えれば、いとも簡単にできることがある」

ゼロからの発想、コロンブスの卵が難局を克服する妙法である。

しかし、普段の懸命の努力、日々の地道な積み重ねをなくして、このよう抜本的な改革を為し得るものではない。

現状から飛躍した創造は、乾いたぞうきんをさらにしぼる努力をした者、ぎりぎりまで悩み抜いた者にこそ与えられる宝物だ。

不断の積み重ねとゼロからの発想。ともに大切にしていきたい。

点と点を結ぶ

——スティーブ・ジョブズ

スティーブ・ジョブズはリード大学を半年で中退した。その後十八か月間、もぐりで大学に居座り、米国内最高と言われるカリグラフィーの講義に出て、強く惹かれた美しい文字やタイポグラフィーを学んだ。アップルを起業し、マッキントッシュ・コンピューター（マック）を設計している時に、十年前に学んだカリグラフィーのことが一気にジョブズの脳裏によみがえった。設計段階でそのすべてをマックに取り込み、マックは美しいタイポグラフィーを備えた初めてのパソコンになった。ジョブズはあの講義にもぐり込んでいなかったら、マックが複数の書体やプロポーショナルフォントを持つ事はなかったという。さらに、ウィンドウズはマックをまねただけだから、パソコンがそれらを持つこともなかっただろうとさえ述べる。また、もしもリード大学を中退していなかったら、あのカリグラフィーの授業にもぐりこむことはなかったであろうし、パソコンが現在のような素晴らしいタイポグラフィーを備えることもなかったかもしれないと語る。

そして、「点と点を結ぶ」と説く。将来を見据えながら、点と点を結ぶという事はできない。できるのは、振り返りながら点と点を結ぶという事だけで、点と点が将来、何らかの形でつながると信じるしかない。このようにジョブズは、語っている。

ジョブズは三十歳の時、アップルをクビになり、追放された。失意のどん底に落ち込んだ。やがて、仕事を愛していると気づき、またやり直そうと決心した。アップル追放は人生最良の出来事だったと思うようになった。そして、NeXTとピクサーを立ち上げ、アップルがNeXTを買収し、ジョブズはアップルに復帰し、アップルの再興に手腕を発揮する事になる。

ジョブズは最高のプレゼンテーターと評されるが、スタンフォード大学の卒業式では、この「点と点を結ぶ」ことを含む伝説のスピーチを行っている。最後のメッセージは「Stay

Hungry, Stay Foolish」であった。

第九章

日常の心がけ

人間が謙虚になるための手近な、そして着実な道は、まず紙屑《かみくず》をひろうことからでしょう

——森信三

京大哲学科で西田幾多郎《にしだきたろう》に学んだ哲学者、森信三《もりのぶぞう》は、国民教育の父として敬慕される。そして「人生二度なし」を根本精神とするその思想は学校教育にとどまらず、家庭・企業・社会と、広く人間教育の場で多くの人々の共感共鳴を集めている。

森は人生の真義を情熱と気迫を以て説く一方、その教えは具体的で、平易な言葉で語

られる。

視線を足元におとし、腰をかがめて紙屑をひろうことは、日々の生活で、物事をなす上で、謙虚さと実行力のための具体的な第一歩である。

森はまた、「足もとの紙クズ一つ拾えぬ程度の人間に何が出来よう」と戒める。

紙屑をひろうという掃除の行為で、思い出されるのが、カー用品チェーンを展開するイエローハット創業者の鍵《かぎ》山《やま》秀《ひで》三郎《さぶろう》である。創業時から、まず自分にできることからと、一人で掃除をはじめた。当時は毎朝、社内はもちろん、同社周辺の道路のゴミひろい、掃除まで社員一同で行っていた。トイレ掃除などは、素手で便器の裏側まで磨くという徹底したものだ。そして鍵山は「凡事徹底」を理念に、事業の傍ら全国の企業や学校で掃除の指導にあたった。また同社の掃除に参加し、掃除に学び、自らの人生、企業経営に活かしていこうという人々が増えている。

誰にもできることだが、ゴミや汚れに気づき、掃除を日々実行することは、容易ではない。

謙虚さとは、冷静な判断と力である。ささいな一歩は、大きな前進である。大言壮語することなく、謙虚で、力強い人間になるよう、まず紙屑ひろいを大切にしたい。

はきものをそろえる

藤本幸邦

はきものをそろえると心もそろう
心がそろうとはきものもそろう
ぬぐときにそろえておくと
はくときに心がみだれない
だれかがみだしておいたら
だまってそろえておいてあげよう

世界中の
人の心もそろうでしょう

円福寺の藤本幸邦《ふじもとこうほう》老師が、このようにはきものをそろえる意義を平易に説いている。はきものをそろえると、自分のそして周囲の人々の心がそろい、やがて世界中の人の心がそろうものという。この教えは小さな実践である。理屈ではなく、ほんのささいな行為に、心を養う秘訣が示されている。

はきものをそろえるということは、掃除を徹底する、整理整頓に努めるということに通じる。

業績の良い会社、良く経営されている事業場は掃除がゆきとどき、整理整頓が良くなされているものだ。松下幸之助が工場を視察する時は、製造ラインを見るよりも、非常階段やトイレに注意した。視察となれば、みな製造現場の整理整頓には気をつける。しかし不用な工具やダンボールが非常階段につまれていたり、トイレが汚れていたりすれば、失格だ。松下がラインを離れて予期しない所へ足を運ぶと、普段の心がけができていない事業部長や担当者は真っ青になったという。

掃除や整理整頓によって、作業の危険が除かれ、仕事がやりやすくなり、能率が上がる。しかし最大の効果は、仕事に携わる人の心がすっきりと整えられることだ。やる気も高まる。業績不振の企業の再建第一歩は、掃除を徹底して、すさんだ人の心を取り戻すことにあるともいわれる。

禅寺での掃除はまた大切な一つの行《ぎょう》だ。心の中で、「われ心の塵《ちり》を払《はら》わん、われ心の垢《あか》を拭《ぬぐ》わん」と念じて行う。床を磨くことは、自分の心を磨くことだ。

はきものをそろえて心をそろえ、掃除や整理整頓に心がけよう。

因に、整理とは捨てることで、整頓とは残ったものを縦横ととのえることをいう。自分の机の上と中の整理整頓を習慣づけてはどうだろうか。

飲食の慎み

――貝原益軒（二）

飲食は控えめに、とはわかっていてもおいしい食べ物や好物、楽しい酒の席ではつい度を越してしまいがちだ。

しかし暴飲暴食はもちろんのこと、多飲多食もまた病気のもとだ。

貝原益軒は、古人が「禍《わざわい》は口より出《い》で、病は口より入《いる》」というように、口から出し入れするものは常に慎まなければならないと唱える。そして、常に飲食を慎んで欲をこらえなければ、度を過ごして病気になると警告する。

また、孟子の「小さいものを養って大きなことを忘れる」ことを例えに、飲食の欲を恣《ほしいまま》にする人は義理を忘れ、飲食のことばかりいう人は口腹の欲にひかれて道理を忘れ、いやしまれると指摘する。

飲食の慎みは病気を防ぐだけでなく、人物を磨く大前提だ。

益軒はまた食べ過ぎ飲み過ぎといって薬を用いて消化すれば、胃の気は薬力の強さにうたれてその生発の和気をそこない、さらに腹の中を敵味方の戦場とし胃の気をそこなうと、その副作用の害を注意している。

年末の忘年会シーズンには胃腸薬のコマーシャルがにぎやかだが、胃腸薬にたよって飲食の席に挑むのは本末転倒であるし、最近では自然治癒力といって、薬そのものを極力用いないという考え方もある。

「初に慎めば必《かならず》後の禍なし」だ。

慎むとは腹七、八分目で、十分ではなく、十二分というのはもってのほかだ。

宴会での酒も慎まなくてはならない。益軒は「花は半開に見、酒は微酔にのむ」と洪《こう》自誠《じせい》の『菜根譚《さいこんたん》』を引いている。そして「楽《たのしみ》の極まれるは悲しみの基なり」と悟されれば、自ずと酒もひかえざるをえない。

慎むとは欲に勝つことにほかならない。それには、心の力、剛の一字を以て欲を克服し、そして病気を畏《おそ》れるには、臆病になれという。

森信三は、「人間のシマリ」について、まず飲食の慎み、次に無駄づかいをしない事、最後に異性への慎みをあげている。

慎みは健康のためだけでなく、精神をも鍛える。好みのままに、欲のままにでは、まさに「シマリ」がなくなってしまう。好きなものを少しひかえる、心の強さを心がけたい。

酒宴は晴れの場所なので、心を引き締めなければならない

――――山本常朝

『葉隠《はがくれ》』は、佐賀の鍋島藩士、山本常朝《やまもとつねとも》が物語ったものである。「武士道とは、死ぬことと見つけたり」の一言は、武士の覚悟を表したものとして名高い。

『葉隠』を座右の書とした三島由紀夫は『葉隠入門』を著し、死と狂気に迫った本書は、逆説的に自由を説いた書であり、いかにも精気にあふれ、いかにも明朗な、人間的な書物、類のない不思議な道徳書と評す。

『葉隠』を現代にも通じる人生論、具体的な処世論として読んでみたい。

フランス人が、酒の飲み方のフランスと日本の違いについて次のように語っている。フランスでは昼食時からワインを楽しみ、またアルコール依存症も多い。しかし日本人のサラリーマンは仕事を終えるや、せかせかと飲みはじめ、大酒のあげく乱れて醜態を演ずる。どんな場合でも酒席の乱れは許されないものである。

仕事の愚痴や上役の悪口といったことが、酒席の話題の常である。酒席は酒によって人間がはだかになる場である。その話題や態度は酒の上として、許され、忘れられる。しかし、『葉隠』は、あらゆる酒席を晴れの場、公けといい、心を引き締めて気をつけなければならないと教える。

「大酒を飲んで失敗した人は数多い。とても残念なことである。まず自分の酒量をよく知って、それ以上は飲まないようにしたいものだ。時によっては酔い過ごすことがある。酒席では常に気をぬかず、思いがけないことが起こっても、対処できるように考えるべきである」

たとえ友人同士といっても、戒めなければならない、酒席の心得である。

昼間のことは寝床の中に持ち込まない

——中村天風（三）

睡眠は一日の体の疲れを癒し、脳を休め、明日への活力を充電する大切な夜の時間だ。ナポレオンのように三時間しか眠らない人もいれば（もっともナポレオンは昼寝や居眠りでカバーしていたようだ）、七～八時間十分に睡眠をとる人もいる。体質や習慣によって睡眠時間は異なるが、いずれにしても安眠と熟睡がポイントだ。

それに反して、不眠や眠りの浅さを訴える人は意外に多い。ぬるめの風呂に入ったり、アロマテラピーでリラックスしたり、枕を工夫する。安眠熟睡への様々な方法があげられるが、基本は気持ちの持ちようだ。

中村天風は眠りにつこうとする前に、心のなかを掃除する習慣をつけよといい、それには夜の寝際、できるだけ昼間関係した消極的なことを思い出さないようにすることだと説く。理想は何も考えない、無念無想の状態だ。宇宙エネルギー、造物主の無限の力を受け入れるためである。それが神経過敏になって、昼間の嫌なことにクヨクヨしたり、昼間喧嘩したことを思い出してイライラしたり、怒ったりしては、自らその受け入れ態勢をくずしてしまうという。

消極的なことを思い出さない、何も考えないというのもまた難しい。これが簡単にできれば何も悩むことはない。そこで天風は初心の別の方法として、「思えば思うほど楽しく、考えれば考えるほどうれしいことだけ思ったり、考えたりして寝るように」する、寝床の中は、できるだけ積極的な状態で心を堅持することと教えている。これを毎晩繰り返す。何事も継続的な訓練だ。

天風はまた夜の寝際の心は、良きにつれ悪しきにつれ無条件で暗示を感じて潜在意識に刻印され、そして実在意識の状態に同化してくるという。「言葉」と同様に、夜の寝際の心は健康や運命に大きな影響を与える。天風の「命令暗示法」とは自分のなりたい状態を、例えば「お前は、信念が強くなる！」と、命令的な言葉で鏡に映る自分の顔に発声する。成功のための日常の心得だ。これを特に寝際にやるのが効果的だとしている。

無念無想を理想に、積極的な心で寝床に入る。これが安眠熟睡と人生の成功への鉄則だ。

業を勤めて分を譲り、
人のためにするものは倹約である
私欲から財を惜しみ、
己れのためにするものはケチである

――二宮尊徳

倹約とケチは、外形によっては、判断できない。一所懸命に仕事をしていても、それは精業か私欲か、区別ができないのと同じである。

一つには、目的と動機による。倹約は、「他人のため」であり、ケチは「自分のため」

である。

二宮尊徳《にのみやそんとく》の倹約の特色は、さらに収入に応じた支出の限度「分」を設定し、計画的な支出を行ない、その余剰は他人のために積極的に推し譲ることにある。

「薪を背負いながら本を読む少年金次郎」の像で有名な、江戸時代末期の農政家であり、財政家であり、優れた土木技師であった二宮尊徳の思想の中心は「報徳」である。

尊徳のいう「徳」とは、人や物に本来的に備わっている良さ、持ち味、長所、可能性という意味で、「道徳」的なものに限定されない。そして、これらの徳を生かし、可能性を実現するということが、「報いる」ということである。

「荒地には荒地の力がある。荒地には荒地の力で起こし返した。人にもそれぞれ良さや取り柄がある。それを活かし村を起こしてきた」

荒地の徳を人間の徳によって開発し、実り豊かな田畑に変えた。ワラの徳を活かして、ナワやワラジを作った。これが尊徳の「報徳」である。

そして、その実践活動は、勤労して、倹約して、余財や余力は将来と他人に譲る、勤・倹・譲につきる。

尊徳の思想と、様々な困難を乗り越えて達成されたその業績は、家計、事業、財政、指導者のあり方、助け合いの厳しさとやさしさという教訓に満ちている。

「大事を成し遂げようとすれば、まず小事を努めるがよい。大事をしようとして、小事を怠って、『できない、できない』と嘆きながら、行ないやすいことを努めないのが小人の常である。小を積めば大となる。一万石の米は一粒ずつの積んだもの…」

「慎しめ。速いで行なおうと欲するな。速げば大事を乱す。勤めよ。倦《あぐ》むことなかれ」

「人を戒めようと思ったら、まず自ら戒めよ」

「見渡せば敵も味方もなかりけりおのれおのれが心にぞある」

「めしと汁木綿着物は身を助く、その余は我れを責むるのみなり」

報徳に生きた尊徳の志は、現代への警鐘である。

ケチではなく、倹約に気をつけたい。

第十章

交際の心得

いかばかり善き人にても、
いか程の徳ありても、
人としてこの斡旋の才なきものは
世の用に立つことなく、無用物なり

——真木和泉

真木《まき》和泉《いずみ》は久留米水天宮の神官であり、水戸の会沢正志斎に師事した尊皇攘夷の志士である。長州藩の久坂玄瑞《くさかげんずい》らと公卿《くぎょう》らに働きかけ、会津・薩摩藩からの実力による京都奪還を論じ、遂に禁門の変となり、破れ、天王山にて同志十六名とともに自刃した。時に年五十二歳の風格ある討幕武装激派の指導者であった。

真木和泉は久留米藩の藩政改革のための意見書、幕末維新のための建策を数々著しているが、子孫への教戒を示したのが、『何傷録《かしょうろく》』である。その冒頭に幼年来、景慕してきた楠公《なんこう》精神を説いた「楠子論」を展開し、以下、「学問」「志才気」「節義」「威儀」「洒落《しゃらく》」「斡旋の才」「文武」「誠」を説いている。

斡旋の才については、さらに「たとい無学にてもこの斡旋の才あるものは何事にあたりても功をなし用立つなり」と続ける。

斡旋とは、情や愛から生ずるいろいろな世話や取り計らいである。自らの利益は考えないコーディネートともいえる。才能や知恵がなくとも、この斡旋ということで世の役に立ち、人の用をなすのである。

但し、この斡旋の才に徳が伴われなければ、単なる利権漁り、ブローカーとなってしまう。心からの斡旋につとめたいものである。この斡旋に努めることによって、人の輪、感謝の念が寄り集まり、結局はその人に幸福をもたらすのではないだろうか。

人脈づくりは、この斡旋の才がポイントである。

徳を成し材を達するには、師恩友益多きに居り故に君子は交游を慎む

――吉田松陰(二)

安政の大獄で夭折した吉田松陰は、志士・革命家であり、思想家であり、教育者であり、詩人である。日本の独立不羈《ふき》を唱える一方、西洋兵学を取り入れ、貿易を盛んにし、国力を充実させて後、自ら赴いて日本通商条約を結ぶべしとする主体的な開明論者でもあった。下田《しもだ》踏海《とうかい》に破れて、主宰した松下村塾はわずか二年程であった。この寺子屋か

ら維新の原動力となった久坂玄瑞《くさかげんずい》、高杉晋作らの俊英、伊藤博文、山県有朋《やまがたありとも》ら新政府の要職を多数輩出した。

松陰は従弟玉木彦助の元服に、武士の心得『士規七則』を贈った。陸軍大将乃木稀典らの座右の銘となったものである。

その一条に、徳を成し才能を達するには良き師と友を持つことであり、交遊に慎重となることを教えている。

「正師に出会わざれば、学ばざるに如かず」という。しかし、現実には良き師とは得がたいものである。その場合は、古典や歴史上の人物に私淑する方法がある。安岡教学や天風哲学、佐藤一斎や吉田松陰など。

また互いに助け合い、切磋琢磨し合う友人も大切である。「師恩、友益」はまさに、出会いにある。

松陰は学問と実践を説き、七則を三つに要約する。

「志を立てて以て万事の源と為す。交を択びて以て仁義の行を輔く。書を読みて以て聖賢の訓を稽《かんが》う」

立志、交遊、読書である。人生、事業活動の心得もこの三つに尽きる。

よき友、三つあり。
一つには、物くるゝ友
二つには、医師《くすし》
三つには、知恵ある友

――吉田兼好

吉田兼好《よしだけんこう》法師が、『徒然草』であげた、よき友の三種類で、おもしろい。物をくれる友はありがたい。お金や物品はくれるだけ、助かるものだ。現代の日本においては、病院や医師は、極端な僻地を除いては、誰にでも身近なものだ。しかし、長い待ち時間と、簡単な診察ではかなわない。お金や人脈がなければ、良い医者になかなか、かかれないのもまた事実である。気軽に、どんな時にでも相談に乗ってくれる医師の友は、命や健康に関わるだけに、本当にありがたい。

知恵を授けてくれる友もありがたい。知恵があれば、お金や物や人は、やがて集まってくる。知識ではなく、知恵でなければならない。

人が人に対して、力となれるのは、お金を出すか、汗をかくか、知恵を出すかの、いずれかである。それぞれの持てる職分、能力、状況で、心から役に立とうとするのが、本当の友である。そういう友に巡り合いたいが、自分自身もまた、よき友を心がけたいものだ。

高杉晋作は、「友の信を見るには、死、急、難の三事をもって知れ候」といっている。良い時に近づき、側に居て、悪い時に離れて行くのは、友ではない。苦楽をともに、分かち合うのが、友である。

人の交わりには、素交と利交があるという。素交とは、心の交わりである。利交とは、利害を目的とした交わりである。たとえ、仕事上のつき合いでも、素交を心がけたい。

直言しての忠告と、相手にわかる程度の諷刺《ふうし》

――渋沢栄一（三）

人には失敗や誤りはつきものであるが、忠告や諫言《ざんげん》は非常に難しい。様々な人間関係、境遇や相手の性格で、その人となりを見て、その過失を指摘し、自覚させて、改めさせなければならない。

渋沢栄一のあげる諫言と叱責の心がけ――

その一。罪を悪んで人を悪まず。相手に対する憎しみの心を捨て、その過失一点の改善を勧めること。至誠による感悟である。

その二。間接的な注意。真正面からではなく、さりげない注意。しかし、時と場合によっては、直接的な教訓も必要。但し、心を込めて。

要するに、非常に悪い過失は、直言して忠告しなければならない。直ちに、大きく改めさせせなければ、問題がさらに広がるからだ。それ以外は、たとえ親密な間柄でも、相手にわかる程度に諷刺するぐらいでとどめておくほうが良いという。こちらの好意も、曲解されて、かえって好意が悪意となってしまう場合が往々にしてある。

渋沢は、人間関係、交際の妙法と真の友を得る大切さも説いている。

その一。「水清ければ魚棲まず」とあるように、善友はもちろん良いが、悪友もまたおもしろい。

その二。会うたびに、忠告をしてくれる友人が真の友人。へつらいや、お世辞は気持ち良いが、信頼できない。

その三。人に対しては、敬意を忘れてはならない。但し、言葉や動作は二の次で、気持ち、真実の心が大切である。心に敬の一字を刻むように。

その四。地位や貧富、年齢にかかわらず、どんな人にも敬意を忘れずに。宴席や遊びの場合でも、また慣れ親しむほど、敬の一字を忘れずに、心を固くもつように。

その五。交際上の必要な態度や話題など、その応接は、ひと通りわきまえて、対処しなければならない。しかし、交際の要は、至誠である。たとえ、無口で、交際が下手な人でも、事にあたって切実に訴え、人に対しては誠意をもって交われば、心は必ず通じる。

その六。知恵や学問を修めて、そして、天真爛漫に、無邪気であれ。

その七。口は禍福の原因を招く門。

渋沢栄一は、商売も営んでいた豪農の一人息子として生まれたので、幼少より様々な人々と交わった。小さな頃の藍玉《あいだま》商人とのかけひき、代官への反抗。そして、尊皇攘夷の志士との交わりを経て、縁あって一橋慶喜に仕えた。また、西郷隆盛と気脈を通じ、新選組局長近藤勇《こんどういさみ》とも親しんだ。突然の、慶喜の弟昭武《あきたけ》の供としてのパリへの渡航。帰国後、維新の大立者とのやりとりと大蔵省での孤軍奮闘。実業界に入ってからの渋沢の「万屋《よろずや》主義」と、一匹狼の事業家岩崎弥太郎《やたろう》の「一人一業主義」との対立。その他、諸々の官業、民業の運営を巡る、様々な人々との折衝と談判。

日本実業界の英雄は、また、交際、対人関係の類稀なる達人であった。

人間関係というのは平たくいえば、ほんとうのジョークをかわすことができる仲ということだ

――本田宗一郎(三)

本田宗一郎は、独創技術の開発の達人であるが、人づき合いの達人でもある。社員をどなったり、なぐったり、役人とけんかしたりと、豪放磊落《ごうほうらいらく》で無法な、つき合いづらい人というイメージが一方であるが、実は、細やかな気配りの持ち主で、交際の基本を巧みにおさえている。

そのポイントは、細心の配慮とユーモア、ジョークである。

その一。外国人と会話を交わすとき、必ず「ミスター・〇〇〇」と相手の名前の呼びかけで話し始める。

その二。年に一度の本田邸での鮎釣りパーティー。「自分のうちの小川の鮎も、ほどよく成長したので、みんなに集まってもらい解禁を…」との案内状で始まり、服装は軽装で、釣具は用意されている。魚釣りの経験のない奥さんを必ず同伴との心憎い気配り。客人は会社に関係なく、本田個人の友人で、様々な職業の人達だ。

その三。「オレは夜になると目が冴えジョークがたくさん出る。酒飲むと不謹慎になって、誰とでも仲良くなっちゃうんだよ。オレの特技とはそんなもんだな」

昭和二十七年（一九五二）、藍綬褒章《らんじゅほうしょう》の晩餐会で高松宮が声をかけられたとき、技術開発に関してか、本田は「惚れて通えば千里も一里」と発した。宮様に対しては憚られる言辞だが、この一言から親しく冗談も交わされるようになったという。

その四。ある正月、部下が手土産を持って、本田邸を訪ねたら、来るなら手ぶらで来いと、大いに叱った。おべっか、ゴマスリだという。但し、心のこもった手づくりのものは受けとるという。上司宅に伺う時に、気をつけたいことだ。

ホンダは社長本田宗一郎と副社長藤沢武夫《ふじさわたけお》の二人三脚で、大きくなった。性格から容貌まで正反対で、仲が良いのか悪いのか、時には激しい大ゲンカもする。

一致するのは「会社を大きくする」という未来への目標。本田は研究・開発に没頭し、経理・経営は藤沢の一任で、それぞれ勝手、独裁。本田は社長印にさわったこともなかった。

昭和四十八年（一九七三）、本田は六十六歳で社長退任。この際、藤沢も「二人一緒だよ、俺もだよ」と、ともに六十二歳で副社長を退任。各方面から惜しまれての退任で、以後社業は一切次代に任せた。

本田は、理念や目標が一致すれば、異質な人間が組む貴重さ、友達選びの大切さも説いている。

本田の死去から一か月後、平成三年（一九九一）九月はじめ、東京・南青山の本田本社ビルで本田の「お礼の会」が開かれた。

一階にはホンダの四輪、二輪の数々の名車が展示され、二階には本田の生涯をたどるスナップ写真や解説のパネル、自筆の絵などが飾られた。本田の写真が来場者に微笑みかけ、その横には日本語と英語で、「皆様のおかげで幸せな人生でした。どうもありがとう」と書かれていた。

本田は生前、「葬式をやれば、交通渋滞を起こしてしまう。俺は交通業者だ。人さまの交通を邪魔するな」といって葬儀を行うことに反対していた。この「お礼の会」は本田の最後の気配りだった。

人の病気に見舞いに往って、
長々と自分の病気のことを話してはならない
自分の病気のことを、あまり、
長々と見舞客に説明するものではない

――小泉信三

病気の見舞いに加え、あるいは悲しんだり、苦しんでいる人への対処の仕方、され方にも通じる教えである。病床の側の作法であるが、病気の見舞い状では、決して病状を質問したりはせず、ただ速く全快するように祈っているという文言のみを記することが見識という。

また、病気見舞いの贈り物には、病人に全快の日の悦びを想わせるようなものが良いという。ゴルフ好きには、ゴルフボールを。ジョギング好きには、ジョギングシューズを。

小泉信三《こいずみしんぞう》は、第二代慶応義塾長、小泉信吉《のぶきち》の子として生まれ、やがて同塾長に就き、東宮職参与として明仁皇太子（現上皇陛下）教育、皇室の近代化に努めた。経済学者としては、反マルクス主義を掲げ、河上肇《かわかみはじめ》、山川均《ひとし》らと論争した。スターリン治下のソ連や中国が礼賛され、左翼陣営が時流を支配する中、堂々と、淡々と、そして緻密にそれらを批判した。『共産主義批判の常識』は名高い。

小泉は、リカード研究のすぐれた経済学者であり、マルクス主義に対するするどい論客であった。そして慶応義塾の経営者であり、皇室と深く関わった。

大教育者小泉信三が説く、「平生の心がけ」は、誠実さと力強さにつつまれ、読む者に、勇気と品位を与える。

病床の例の作法の他に――

その一。人にせられんと欲する如く、その人にもせよ。人にせられんと欲する如く、その如く人にはするな。

立場を替えて、人の身になって考えてみるという姿勢を欠くと、如何に多くの好意が浪費されるかということを示している。

その二。弁解の必要は、他人は当人ほどには感じていない。あまり弁解に急いで、熱心だと、それを聴かされる相手は骨が折れてくる。弁解の効果が薄くなって来る。

その三。人に見られたくない状態を見ないことも、大切だ。デリカシィである。病気見舞いやデリカシィについても、要は、「察する」ということであるという。自分の身を他人の立場に置いて考える。「察し」とは人にせられんと欲する如く人にもせよという大律に従うことに他ならないと教える。

小泉の著名な随筆に、『灯台守り』の話がある。郵船会社の船長で、航海の行く先き先きから、灯台守りに礼状を出した人の挿話である。

小泉はいう。

「事小なりと雖《いえど》も、寄港の先き先きから灯台守りに、感謝のハガキを出したという船長の心がけを、私は床《ゆか》しく思う」

「そうして、更に今の社会に、この灯台守りの如く、知られず顧みられず、黙々としてその職務を行うものが、無数であることを思うのである」と。

小泉の『共産主義批判の常識』は、真に相手を批判するにあたって、まずその理論の真意を正しく把握し、立場の違いを超えて、国民に伝えることにあった。共産主義の、平明な紹介書として、圧倒的に反響をよんだ次第だ。

小泉の平生の心がけには、日々の暮らしから、人生論、学術論争にも一貫して、相手の立場を重んじる姿勢がうかがえる。

めぐりあいのふしぎ

——坂村真民（二）

酉年生まれの坂村真民は、自分をよく鳥になぞらえた。

「念ずれば花ひらく」という言葉は、鳥のまん中、身体に当たるのだという。右翼に当たるのは、父のはかない死を見て、自ら赤痢で死にかかったという体験を通して得た、「二度とない人生だから」という。

そして、左翼に当たるのが、「めぐりあいのふしぎ」である。

真民は様々な人とのめぐりあい、出会いのふしぎを何回も体験してきた。

しかし、昭和二十八年（一九五三）三月二十七日のめぐりあいは、真民の一切を変えた。

真民は、「道元《どうげん》は如浄《にょじょう》に出会った。親鸞《しんらん》は法然《ほうねん》に出会った。それと同じようにわたくしは杉村春苔尼《しゅんたいに》というお方に出会った」と語る。そして、「思えば真の出会いというものは自己を変え、世界を変える」と述べる。

以来、詩母さま、先生と呼び、この世で唯一の師と敬仰するのであるが、杉村春苔尼の出家剃髪は劇的であり、「霊能を持ち、禅の教養深く、叡知と慈悲に光り輝く、優れた才と技とを持っておられた」人であったという。

また、「人間としての最高の喜びは、終生の師にめぐりあうことである」と教える。

人生は深い縁《えにし》の
不思議な出会いだ
世尊の説かれた輪廻《りんね》の不思議
その不思議が今のわたしを生かしてゆく

大いなる一人のひととのめぐりあいが
わたしをすっかり変えてしまった

暗いものが明るいものとなり
信じられなかったものが
信じられるようになり
何もかもがわたしに呼びかけ
わたしとつながりを持つ
親しい存在となった

（中略）

めぐりあいのふしぎに
てをあわせよう

六節からなる『めぐりあいのふしぎ』の詩である。
終生の師にめぐりあうことほど、尊く、喜びであることはない。
「業のなかに生れ、生きねばならぬ我々にとって、師とのめぐりあいの不思議は、星のように光り輝き、虹のように美しい」

求める心がなければ、めぐりあえないのは当然である。求める心と行動の上に、縁があれば、いつかはあえる。

しかし、「それにしても、そのような唯一人の師にめぐりあうということは、いかに至難なことであろうか」と、長い年月を経ての、それ故の尊いめぐりあいであったと振りかえる。

多くの人にとって、今は、いつか終生の師にめぐりあうための、自分を磨く待機の期間なのである。

小才は、縁に出合って縁に気づかず
中才は、縁に気づいて縁を生かさず
大才は、袖すり合った縁をも生かす
（柳生家家訓）

求める心を常に抱いて、苦難苦労の末のめぐりあいを、楽しみに待とうではありませんか。

「のに」がつくと、「ぐち」が出る　――　相田みつを

「あんなに世話をしてやったのに……」

「あんなにつくしてやったのに……」

と思うと、次にはぐち（愚痴）が出る。世話になった方も、

「少しぐらい世話をしたからといって恩に着せるなら、してくれないほうがいい」

ということになる。


ムリをすると、「のに」がつき、「ぐち」が出る。人間関係がまずくなるのは、この「の

に」と「ぐち」が出る時だ。

相田《あいだ》みつをは、「のに」と「ぐち」についてこう語り、では、「のに」と「ぐち」が出ないようにするには、「のに」や「ぐち」の出ない範囲内に仕事でも、人の世話でも、その量を減らしてみることだ、と教えている。

そのかわり、「のに」や「ぐち」の出ない範囲内では、精いっぱいに生き生きとやることだと説く。

やることそのものに自分自身の喜びがあるのであり、感謝されなくてもいいはずだ。やる以上は「ぐち」をいわない、「ぐち」をいうならやらぬこと。それがさわやかな生き方という。

さらには、「むり」もしないが、減らしすぎて、「ケチ」でもダメだと戒めている。そして、世間体や他人の思惑などに左右されず、「自己が自己の本心」、「自分が自分の本音」を生きることを唱える。

相田みつをは、大正十三年（一九二四）、栃木県足利市に生まれ、昭和十七年（一九四三）、旧制足利中学校を卒業し、同年、同市の曹洞宗の禅僧、武井哲応《たけいてつおう》老師に出逢い、以後、老師を「人生の師」として仰ぎ、在家のまま師事し、仏法を学んだ。独自の世界を築いた書家として知られる。

相田の書や詩は、相田の人間性をさらけ出した、誰にもわかりやすく、的を得た教訓である。

相田は、学歴もなく、人一倍、臆病で気の弱い人間だった。こんな自分が人間として生きるためには、何を求めたらよいのか。

精神の自由だ、と気づいた時、老師との出会いがあった。相田の作品の根底には、相田の人生観と禅の思想がある。

その中心にあるのは、「いま」、「ここ」、「自分」を生きるということだ。「いま」、「ここ」、「自分」が輝いていれば、一生輝いているという。

そしてこの教えは、「具体的に、どう動くか」、ということに他ならないと示す。「いま」、「ここ」を具体的に動く。それしかない。具体的に動けば、自分の期待した通りの答が出るかどうかはわからないが、必ず具体的な考えが出る。動くのは、「自分」である。

相田の教えは、その独自の書によって、まさに、具体的で、平易で、力強い。仏法に裏打ちされたものであるが、明るく、時にユーモアでさえある。

「一生燃焼、一生感動、一生不悟」が相田の到達した人生観、教訓であり、名作品となっている。

悪口に対しては、無言実行の弁解をもってすべし

——新渡戸稲造

新渡戸《にとべ》稲造《いなぞう》は、明治・大正・昭和期を代表する教育家・思想家である。

札幌農学校に、内村鑑三《うちむらかんぞう》、宮部金吾《みやべきんご》らとともに二期制として入学した。東京大学、ジョンズ・ホプキンス大学、ドイツの大学でも学んだ。

帰国後、札幌農学校教授に就任。明治三十九年（一九〇六）には一校校長兼東大教授となり、全人格教育によって多くの人材を育て、また、女子教育の重要性から、東京女

子大学を創立し、初代学長となる。

更に、パリで新設の国際連盟事務局次長に推され、七年間、務める。そして、険悪化する日米関係の修復に努め、昭和八年（一九三三）カナダ・ビクトリア市で病没した。

新渡戸の志は、「われ太平洋の橋とならん」ことにあった。早くから英語を学び、キリスト教に関心を寄せ、英語聖書を読みふけった。米国留学中、クェイカー教徒となり、後、国際平和と日米親善に努めた。国際的視野をもった学者、教育者は後半生、世界を駆け巡り、日米間を奔走し、国際理解と平和の実現に尽力したのである。

その精神は、キリスト教という信仰に裏打ちされた博愛主義に基づく。自身は子供を幼くして病で失い、家庭生活にも苦悶した。人の心の傷みがわかり、弱者の力になろうとした生涯であった。札幌では、働く青少年のための無資格・無試験・無月謝・無報酬の遠友夜学校を開いた。農学校と夜学校で重なった過労のため、渡米静養中に著したのが、名著『武士道』である。

新渡戸はまた、広く社会のために、学問の機会が得られない青少年のために、『実業之日本』に、日常の心がけを平易に説いた連載を執筆した。当時としては、帝大教授が通俗雑誌に書いたり、講演することに批判も受けた。しかし「無言実行の弁解」に努め、これら文章からすぐれた多くの修養書が世に出たのである。

新渡戸は英雄や聖人でも悪口をいわれれば、不愉快となるものと述べながら、世間の批評は修養の一大補助、社会の要求の声という。

悪口への基本的態度としては、次のことを戒めている。

一、悪口をいった人を怨《うら》むこと

二、悪口されたことを聞き怒《いか》ること

三、悪口を耳にしてヤケになること

四、悪口に対する弁解に大いにつとむること

五、悪口のために落胆し萎縮《いしゅく》すること等々。

そして、悪口に対する理想的態度として、「無言実行の弁解」を説く。

「いかに人があれこれ言おうとも、己《おの》れさえ道を踏むことを怠らなければ、何の策を弄《ろう》せずとも、いつの間にか黒か白か判然するもの」

結局は、「日ごろの行状を謹《つつし》み、日常の信用を厚くするだけの慎みをなさねばならない」のだ。大学当局や右翼からの批判や攻撃に、「無言実行」で、自らの信念を以て、実践した新渡戸の教訓である。

恋愛もまた完全に行なわれるためには何よりも時間を持たなければならない

――芥川龍之介

芥川龍之介《あくたがわりゅうのすけ》は明治二十五年（一八九二）三月一日に生まれ、昭和二年（一九二七）七月二十四日に自らその命を絶った。三十五年と四か月の短い生涯であった。

小説『羅生門』は国語の教材として多くの人に親しまれ、大正時代に活躍した芥川の作品は今日でも人気を博している。そして古今東西の幅広い書物に典拠した、虚構に人間の生存の苦悩を描いた一連の作品は私達に生きることの意味を問いかける。

芥川自身、文壇デビューしたての頃、その作品（手巾、煙管、運）を酷評され、傷ついた。また貧しい作家の作品を編集した『近代日本文芸読本』全五集の刊行では、一人で儲けて書斎を建てたと誤解され攻撃された。さらに女性問題、義兄の自殺と忙殺され、胃アトニーと痔と神経衰弱にむしばまれた。そして不眠症となり、遂に睡眠薬をはなせなくなったのである。

現実の苦悩から人間の様々な側面を掘り下げたのが芥川の作品だ。『侏儒《しゅじゅ》の言葉』は人生と社会の真理と皮肉を綴ったアフォリズムである。

芥川は恋愛について、「われわれを恋愛から救うものは理性よりもむしろ多忙である」という。そして恋愛を完全に行なうには、何よりも時間が必要と説く。恋愛は喜びであるが、時に苦しみ、悩みともなる。祝福されない事情があり、また成功裡に成就できなければ、当人だけの克服しがたい苦悩となる。芥川自身、結婚を考えての恋愛を養家の反対で断念し、また相手に婚約の話がもちあがり、失恋という悲劇となった。

理性は恋愛を御し得ない。多忙であることが恋愛から身を救う方法だ。逆に時間が恋愛を完全に行なわしめるという。

芥川はまた次のように語る。

「恋愛はただ性欲の詩的表現を受けたものである。少なくとも詩的表現を受けない性欲は恋愛と呼ぶに価しない」

性欲プラス詩的表現が恋愛だというのである。人間の動物性と精神性を衝く恋愛論だが、詩的表現がなければ恋愛と呼ぶに価しないと断定する。

完全な恋愛のために、時間と詩的表現を大切に。

生きることは愛すること、愛することは許すこと

——瀬戸内寂聴

作家で僧侶の瀬戸《せと》内《うち》寂聴《じゃくちょう》は大正、昭和、平成、令和と四つの時代を生ききった。九十九歳没。二十五歳の時、夫と三歳の娘を残して家を出て、交際していた男性との生活を始め、執筆活動に入る。小説家としては五百冊近くも本を出し、女流文学賞、谷崎《たにざき》潤一郎《じゅんいちろう》賞、野間文芸賞、泉《いずみ》鏡《きょう》花《か》文学賞など様々な賞を受賞し、二〇〇六年には文化勲章を受賞している。源氏物語の現代語訳でも知られる。

五十一歳で、天台宗で得度し、法名を寂聴とする。京都の嵯峨野で寂庵と名づけた庵に居住し、尼僧としても熱心に活動し、週末には青空説法として法話を行っていた。

寂聴は小説家として六十二年、僧侶として四十六年、人間の生き死にに対して、精一杯向きあってきて、九十七歳の時に『寂聴　九十七歳の遺言』を著した。その中で、はじめに、人間が生きるとは、愛することだと説いている。そのために人間は生きているのだと。結婚するとかしないとか、それは全く関係ない。誰かひとりでも愛する人にめぐりあう。それが一番、私たちが生きたという証になるという。寂聴は好きなことを好きなようにして生きてきた。心残りは全くない。しかし、後悔がひとつだけある。まだ「お母さん、行かないで」といえない三歳の娘を残して、自分の欲望のため家を出て、一番に責任を持って守らなければならない存在を捨てたことだ。こうした後悔も、人間にとって愛することや愛した思い出がいかに大切か、その裏返しの証ではないかと述べている。

そして、愛することは許すことと唱える。ほんとに愛したら、何でも許せる。

「愛とは、自分以外の人の心を想像し、その願いや望みを叶えてあげたいというやさしさ、思いやりです」

愛することは、年齢と関係ない。誰かを心から愛する。それは恋愛でも友情でも家族の愛でもいい。そうすると、すべてが「有り難い」感じになるという。この世で出逢えたことの有難さである。ほんとの愛とは、愛したら愛しっぱなしで、何の見返りも求めない。自分を愛せない人は、人を愛することも出来ない。

このように語る寂聴は、仏教で唱える二つの愛について説明している。一つが「渇愛」で、「もっと愛してちょうだい、もっと、もっと」と相手の愛が欲しくてしようがない愛情。渇愛は私たちの煩悩の中で一番強く抗しがたい煩悩であり、仏教では苦しみや迷いの伴う見返りを求める愛情を戒めているという。渇愛に対して、「慈悲」は無償の愛、報酬を求めない愛。一切の見返りを求めない、あげっぱなしの愛情が慈悲なのであり、慈悲の愛を身につけなさいとお釈迦さまは教えているという。

そして、何度繰り返しても「別れ」は辛く苦しいとし、愛する人を亡くした悲しみを癒すのは、時間しかない、だんだんと孤独に慣れていくしかないと述べている。人間を書くということは、要するに人間の愛と孤独について描くことだといい、愛のうえにも、皮膚のように孤独が張りついていて、孤独を飼い馴らすことこそ、私たちが生きるということなのかもしれないと語る。

寂聴はまた、すべてのものは移り変わる、今がどんなに辛くても必ず変わる、どんなに辛いことがあっても変わるから大丈夫と苦難にある人を励ましている。

寂聴は三十代の時には、男関係でヒステリーを起こして睡眠薬を飲んで自殺未遂をした。四十代の時には、やはり男の問題でひどいノイローゼになった。高齢になり、病気で苦しんだ。愛した人たちが亡くなって行った。そのように辛い人生も歩んだ寂聴は、私たちは「大いなるもの」に生かされているという。大いなるものとは、何か人間を超えたもの、神や仏、宇宙の生命などと呼ばれているものだ。愛とは許すことであり、そうした目に見えない、何か大いなるものに許されて、その力によって人間は生かされているのでしょうと説く。

愛と人生の達人である瀬戸内寂聴の遺言は、多くの人を元気づける。

おわりに

本書の出版の経緯については不思議なご縁が重なっている。筆者が校長を務める学校法人日美学園日本美容専門学校の会長である網蔵卓爾氏から「このようなものがあるんだけど」と見せられたのが、『達人からのメッセージ』と題した本書の原型となる原稿であった。筆者はこのようなものをまとめたことをすっかり忘れていて、網蔵氏になぜ渡したのかもわからなかった。「はじめに」の箇所で、当時の日付は平成九年五月吉日となっていた。平成九年といえば一九九七年で、初めての著書『松下幸之助の実学』(廣済堂出版)を上梓したのが一九九八年であり、同年には『はじめに志ありき　明治に先駆けた男　吉田松陰』(致知出版社)も上梓している。おそらく具体的に出版を意図したものではなく、何を執筆しようかと勉強しているさなかに、いわばメモ書きとして残したもののように思われる。いずれにしても、懐かしく手に取った。

二年ほど前のこの時に、網蔵氏に「よくまとまっており、わかりやすいので、印刷製本してはどうだろうか」と提案を受けた。そこで、元データはなかったので、原稿をコピーして簡易的に百部ほど印刷製本することになった。

筆者はこれまで、松下幸之助と吉田松陰をはじめ、南方熊楠など人物論を執筆してきた。近年は自由になるための学芸であるリベラルアーツに関心を寄せ、関連する二著『美とリベラルアーツ　美意識を高め創造性を育む』（ＰＨＰ研究所）と『リベラルアーツ思考　自由に、美しく生きるための教養講座』（同前）を日本美容専門学校の協力を得て上梓した。

筆者と日本美容専門学校とのご縁は三十年近くになり、毎年、学生に「美容を通じて近代の叡智を築く」という建学の精神と「日美は美容界の適塾たれ」という理念を伝えてきた。平成二十四年（二〇一二）に校長に就任して、建学六十周年の際には、『緒方洪庵と適塾の門弟たち　人を育て国を創る』（昭和堂）を記念出版している。

日美は本年、建学七十周年を迎える。そこで、この七十周年を記念し、『ビューティシャンのためのリベラルアーツ』を学生用のテキストとしてまとめることになった。

そして、網蔵氏にこの『達人からのメッセージ』も、同時に出版してはどうかと勧められ、世に出ることになったのが、本書の上梓のいきさつである。

三十年近く経っている原稿であるが、ほとんどそのままの執筆内容にしており、表現上の工夫として最小限の字句の修正にとどめている。最近の話題として、新たにスティーブ・ジョブズとジェームズ・ダイソン、多様性・女性の活躍という観点からココ・シャネルと瀬戸内寂聴を加えた。

取り上げた六〇人の達人はいずれも、逆境を克服し、志高く人生と仕事を成し遂げている。

吉田松陰は佐久間象山をわが師と呼び、家学の山鹿流兵学の祖である山鹿素行を先師とした。筆者は松下政経塾で松下幸之助に学び松翁をわが師とし、吉田松陰と緒方洪庵を先師として私淑している。その他、親しみ、学んだのがこの達人たちであった。それぞれの短い小伝と箴言は未来を切り拓くヒントとなり、多くの人を励まし、勇気づけることであろう。

本書の出版にあたっては、網蔵卓爾氏と日美学園の理事長である網蔵糸乃氏のご助力をいただいた。また、文字データの入力と編集をはじめ制作においては、株式会社シーティーイーの藤田陽司氏と近藤浩司氏にお世話になった。ありがとうございました。

本書は達人との出会いにはじまり、坂村真民の説く「めぐりあいのふしぎ」で、三十年の年月を経て、様々なご縁を重ね、出版に至った。このような機会をいただけたことに深く感謝し、達人にならい世のため人のために尽くすことを誓い、本書を締めくくることとする。

《参考文献》

●第一章　志を立てる

春日潜庵　安岡正篤著『活学講話 東洋人物伝』（致知出版社）

佐藤一斎（一）　川上正光著『言志四録（一）』（講談社学術文庫）

村松文三　大岡信著『折々のうた』（岩波書店）

渋沢栄一（一）　渋沢栄一著／守屋淳訳『現代語訳 論語と算盤』（ちくま新書）

安岡正篤（一）　安岡正篤著『安岡正篤一日一語』（致知出版社）

山田方谷　山田方谷に学ぶ会／渡辺道夫／網本善光著『「師門問弁録」を読む』（明徳出版社）

●第二章　今を生きる、自分を生きる

貝原益軒（一）　貝原益軒著／松田道雄訳『養生訓ほか』（中央公論新社）

三島由紀夫　三島由紀夫著『三島由紀夫全集（35）』（新潮社）

土方歳三　木古内町観光協会ＨＰ『歴史／箱館戦争の人物紹介』より

宮沢賢治　宮沢賢治著『宮沢賢治全集第十巻』（筑摩書房）

城野宏（一）　城野宏／古海忠之著『獄中の人間学（新装版）』（致知出版社）

緒方洪庵　池田知久訳『中国の古典5　荘子』（学習研究社）

●第三章　成功の鉄則

中村天風（一）　講談社ウェブサイト『中村天風「天風哲学」特設サイト』より
中村天風（二）　中村天風著『ほんとうの心の力』（ＰＨＰ研究所）
　　　　　　　　中村天風著『運命を拓く 天風瞑想録』（講談社）
坂村真民　坂村真民著『自選坂村真民詩集』（大東出版社）
　　　　　坂村真民著『念ずれば花ひらく』（柏樹社）
夏目漱石　小山慶太著『漱石先生が教えてくれたこと』（岩波書店）
松下幸之助（一）　ＰＨＰ総合研究所研究本部「松下幸之助発言集」編纂室編『松下幸之助発言集5』（ＰＨＰ研究所）
本田宗一郎（一）　伊丹敬之著『ミネルヴァ日本評伝選本田宗一郎――やってみもせんで、何がわかる』（ミネルヴァ書房）
ジェームズ・ダイソン　ジェームズ・ダイソン著／川上純子訳『インベンション　僕は未来を創意する』（日本経済新聞出版）
稲盛和夫　稲盛和夫オフィシャルサイトより

●第四章　対処の法

西郷隆盛　西郷隆盛著／猪飼隆明訳・解説『新版 南洲翁遺訓』（角川文庫）
勝海舟　勝海舟著『書簡と建言』「勝海舟全集」第2巻（講談社）

福沢諭吉　福沢諭吉／渋沢栄一／前島密著『日本の自伝1　福翁自伝・雨・夜譚・鴻爪痕』（平凡社）
河井継之助　東洋文庫［257］『塵壷　河井継之助日記』より
宮本武蔵（一）　志村有弘訳『新訳「五輪書」』（大法輪閣）
東郷平八郎　東郷神社・東郷会編『東郷平八郎伝　勝って兜の緒を締めよ』（六一書房）
伊庭貞剛　『實業之日本』（明治37年2月15日付）より
松下幸之助（二）　ＰＨＰ総合研究所研究本部「松下幸之助発言集」編纂室編『松下幸之助発言集4』（ＰＨＰ研究所）
安岡正篤（二）　安岡正篤著『安岡正篤一日一語』（致知出版社）

●第五章　学ぶ姿勢

吉田松陰（一）　吉田松陰著／近藤啓吾全訳注『講孟箚記（上）』（講談社学術文庫）
横井小楠　横井小楠著『日本思想大系55』（岩波書店）
高杉晋作　一坂太郎著『高杉晋作の手紙』（新人物往来社）
宮本武蔵（二）　志村有弘訳『新訳「五輪書」』（大法輪閣）
南方熊楠　南方熊楠著『南方熊楠日記1　1885－1896』（八坂書房）
安岡正篤（三）　安岡正篤著『安岡正篤一日一語』（致知出版社）
安岡正篤著『活眼活学』（ＰＨＰ研究所）

安岡正篤著『新編経世瑣言』（明徳出版社）

●第六章　自己の確立

佐藤一斎(二)　佐藤一斎著『「佐藤一斎 大塩中斎」日本思想大系46』（岩波書店）

坂本龍馬　尚学図書編『日本名言名句の辞典』（小学館）

広瀬淡窓　葉室麟著『霖雨』（ＰＨＰ研究所）

快川国師　克勤著／碧巌録研究会訳／末木文美士編『現代語訳碧巌録　中』（岩波書店）

ココ・シャネル　山口路子著『ココ・シャネルの言葉』（だいわ文庫）

●第七章　逆境に克つ

佐藤一斎(三)　佐藤一斎著『「佐藤一斎 大塩中斎」日本思想大系46』（岩波書店）

佐久間象山　奈良本辰也著『吉田松陰著作選　留魂録・幽囚録・回顧録』（講談社）

良寛　良寛著／内山知也編集『「定本 良寛全集 第三巻」書簡集／法華転・法華讃』（中央公論新社）

松永安左エ門　伊藤肇著『左遷の哲学／嵐の中でも時は立つ』（産業能率大学出版部）

渋沢栄一(二)　渋沢栄一著／守屋淳訳『現代語訳 論語と算盤』（ちくま新書）

広田弘毅　城山三郎著『落日燃ゆ』（新潮社）

●第八章　仕事の工夫

山本五十六　新人物往来社編『山本五十六のすべて』（新人物往来社）
正岡子規　正岡子規著『明治文學全集53 正岡子規集』（筑摩書房）
恩田木工　笠谷和比古校注『新訂 日暮硯』（岩波書店）
本田宗一郎(二)　本田宗一郎著『やりたいことをやれ』（ＰＨＰ研究所）
土光敏夫　土光敏夫著『経営の行動指針─土光語録』（産業能率大学出版部）
井深大　井深大研究会編『井深大語録』（小学館）
盛田昭夫　浜本哲治著『史上最高の経営者　盛田昭夫　ＳＯＮＹ運命の決断　ウォークマン開発秘話』（ゴマブックス）
城野宏(二)　城野宏／古海忠之著『獄中の人間学（新装版）』（致知出版社）
松下幸之助(三)　ＰＨＰ総合研究所研究本部「松下幸之助発言集」編纂室編『松下幸之助発言集9』（ＰＨＰ研究所）
スティーブ・ジョブズ　『CNN English Express』編集部『スティーブ・ジョブズ　伝説のスピーチ&プレゼン』（朝日出版社）

●第九章　日常の心がけ

森信三　森信三著／寺田一清編『教師のための一日一語』（致知出版社）
藤本幸邦　日本経営合理化協会のホームページより

貝原益軒（二）　貝原益軒著／杉靖三郎編集『「養生訓」第三巻飲食（上）』（徳間書店）
山本常朝　三島由紀夫著『葉隠入門』付録「葉隠」名言抄より（新潮社）
中村天風（三）　中村天風著『ほんとうの心の力』（PHP研究所）
二宮尊徳　斎藤高行原著／佐々井典比古訳注『訳注二宮先生語録』（一円融合会）

●第十章　交際の心得

真木和泉　眞木和泉守著『神の御國の道しるべ——神道資料集』（皇學館高等学校）
吉田松陰（二）　徳富蘇峰著『将来の日本 吉田松陰』（中央公論新社）
吉田兼好　吉田兼好著『日本古典文学体系30　方丈記 徒然草』（岩波書店）
坂村真民（二）　坂村真民著『自選坂村真民詩集』（大東出版社）
新渡戸稲造　自警録ホームページ「新渡戸稲造」の項より
芥川龍之介　芥川龍之介著『芥川龍之介全集7』（筑摩書房）
瀬戸内寂聴　瀬戸内寂聴著『寂聴　九十七歳の遺言』（朝日新書）

その他、書籍の本文、新聞、雑誌の記事等を参考にしました。

【著者略歴】
阿部博人（あべ・ひろと）
作家、美とリベラルアーツ研究会代表、学校法人日美学園日本美容専門学校校長。
1960年　北海道生まれ
1983年　北海道大学法学部卒業、松下政経塾入塾（松下政経塾第４期生）
1986年　松下政経塾修塾
2010年　東洋大学大学院経済学研究科公民連携専攻修士課程修了（経済学修士）
著書に、『松下幸之助の実学―あくなき探求と求道のこころ』（廣済堂出版）、『はじめに志ありき―明治に先駆けた男　吉田松陰』（致知出版社）、『君子財を愛す　これを取るに道あり―企業倫理の確立こそエクセレント・カンパニーへの道である』（同前）、『南方熊楠を知っていますか？―宇宙すべてをとらえた男』（サンマーク出版）、『神を知り　生き方を知る―大いなるものとの出会いを訪ねて』（同前）、『ISO26000実践ガイド―社会的責任に関する手引き』（共著、中央経済社）、『緒方洪庵と適塾の門弟たち―人を育て国を創る』（昭和堂）、『地域・都市再生のマネジメント』（中央経済社）、『美とリベラルアーツ―美意識を高め、創造性を育む』（PHP研究所）、『リベラルアーツ思考―自由に、美しく生きるための教養講座』（同前）

達人からのメッセージ
～未来を切り拓くヒント

2024年10月11日 初版第1刷発行

著　　者　阿部 博人
発 行 者　網藏 糸乃
発 行 所　学校法人日美学園

発 売 所　株式会社西田書店
〒101-0051
東京都千代田区神田神保町2-10-31　IWビル4F
電話：03-3261-4509　FAX：03-3262-4643
https://nishida-shoten.co.jp/

デザイン　梅林 成年　山﨑 亜矢子
組　　版　株式会社シーティーイー
印刷製本　倉敷印刷株式会社

ISBN978-4-88866-697-8 C0095